Finanzplaner junge Familien

Isabell Pohlmann

Finanzplaner junge Familien

Steuern, Recht und Finanzen
für die schönste Zeit
des Lebens

Stiftung Warentest

Inhaltsverzeichnis

Was wollen Sie wissen?

Sie werden Eltern? Oder ist der Nachwuchs schon da? Eine spannende Zeit liegt vor Ihnen – mit vielen Veränderungen im Alltag und neuen Erlebnissen! Auch in Sachen Geld, Versicherungen und in rechtlichen Angelegenheiten tut sich einiges. Zeit für einen Familien-Finanzcheck.

Demnächst werde ich Mutter. Was steht mir – auch arbeitsrechtlich – zu?

Ihnen steht eine ganze Menge zu – sowohl an finanzieller Unterstützung als auch arbeitsrechtlich. Einige Beispiele: In den sechs Wochen vor dem errechneten Geburtstermin und mindestens acht Wochen danach haben Sie Anspruch auf Mutterschaftsgeld. Meist wird es von der gesetzlichen Krankenkasse und dem Arbeitgeber gezahlt (siehe „Mutterschaftsgeld rund um die Geburt“, S. 38). Im Job genießen Sie besonderen Schutz. Unter anderem gilt: Der Arbeitgeber darf Ihnen während der Schwangerschaft und kurz nach der Entbindung in der Regel nicht kündigen. Wenn Sie Termine zur Vorsorgeuntersuchung haben, die sich nicht außerhalb der Arbeitszeit erledigen lassen, muss der Arbeitgeber Sie dafür freistellen, und das ohne Gehaltseinbußen für Sie. Und er darf von Ihnen nicht mehr verlangen, dass Sie beispielsweise Nachtschichten übernehmen oder schwere Lasten heben. All das muss der Arbeitgeber allerdings erst dann umsetzen, sobald er von der Schwangerschaft weiß.

Sollte es Probleme geben, holen Sie sich Hilfe, etwa bei Ihrem Betriebsrat, bei der Gewerkschaft oder einem Fachanwalt für Arbeitsrecht.

Ich verstehe das nicht: Wo soll der Vorteil vom Elterngeld Plus liegen?

Es stimmt, auf den ersten Blick ist kein Vorteil vom Elterngeld Plus gegenüber dem altbekannten „Basiselterngeld" sichtbar: Das Elterngeld Plus wird zwar länger gezahlt, ist aber höchstens halb so hoch wie das „normale" Elterngeld.

Doch Sie werden den Vorteil erleben, wenn Sie parallel zum Bezug von Elterngeld schon wieder arbeiten und dann vom Basiselterngeld zum seit Mitte 2015 angebotenen Elterngeld Plus wechseln. Hintergrund: Ihr Verdienst wird zwar auf das „normale" – das sogenannte Basiselterngeld – und auch auf das Elterngeld Plus angerechnet. Allerdings können Sie das Elterngeld Plus für einen längeren Zeitraum bekommen. Was das bringt, erfahren Sie unter „Finanzieller Ausgleich nach der Geburt" ab S. 39. Dort lesen Sie auch, warum es sich richtig lohnen kann, wenn beide Elternteile gleichzeitig für einige Zeit in Teilzeit arbeiten.

Nach der Geburt will ich zwei Jahre zu Hause bleiben. Darf ich danach garantiert Teilzeit arbeiten?

Meistens ist das möglich, allerdings nicht immer. Arbeitnehmer haben einen rechtlichen Anspruch darauf, Teilzeit zu arbeiten, wenn ihr Arbeitgeber mehr als 15 Beschäftigte hat und wenn Sie selbst seit mindestens sechs Monaten dort arbeiten. Der Arbeitgeber kann die Teilzeit nur aus betrieblichen Gründen verweigern, etwa wenn es für ihn unvertretbare Kosten verursachen würde, die verbleibenden Arbeitsstunden anderweitig zu vergeben. Wenn Sie in einem Betrieb mit weniger Mitarbeitern beschäftigt sind, haben Sie aber keinen gesetzlichen Anspruch auf die Teilzeit. Mehr zu den arbeitsrechtlichen Bedingungen lesen Sie unter „Erfolgreiche Rückkehr in den Job" ab S. 53.

Der Versicherungsvertreter drängelt: Er hat Angebote, weil wir nun zu dritt sind. Müssen wir was ändern?

Es ist sicher sinnvoll, wenn Sie aufgrund der neuen Familiensituation Ihren Versicherungsschutz überprüfen und eventuell verbessern. Am besten verschaffen Sie sich erst einmal selbst einen Überblick, welcher Schutz notwendig ist und wo Sie bestehende Verträge eventuell anpassen sollten. Eine Übersicht zu den wichtigsten Versicherungen finden Sie unter „Als Familie gut versichert“ ab S. 123. Dort sagen wir Ihnen auch, wovon Sie die Finger lassen können.

Grundsätzlich gilt: Sie müssen als junge Familie den Versicherungsschutz nicht komplett auf den Kopf stellen. An einigen Stellschrauben sollten Sie aber drehen. Wichtig ist zum Beispiel, dass die Familie gut abgesichert ist, falls ein Elternteil stirbt oder wegen Krankheit nicht mehr berufstätig sein kann.

Uns wurde eine Lebensversicherung angeboten. Brauchen wir die wirklich? Die hat doch einen schlechten Ruf.

Achtung, nicht verwechseln: Lebensversicherung ist nicht gleich Lebensversicherung. Als Familie sollten Sie tatsächlich eine „Risikolebensversicherung“ haben – der Versicherer zahlt eine größere Summe aus, wenn ein oder beide Elternteile sterben. Ohne das Geld kann es finanziell für die Angehörigen eng werden. Um beide Elternteile abzusichern, kann eine „verbundene Leben“ interessant sein. Worauf es beim Vertrag für eine Risikolebensversicherung ankommt, lesen Sie unter „Absicherung für die schweren Fälle“ ab S. 134.

Lebensversicherungen mit dem schlechteren Ruf sind solche Verträge, die den Risikoschutz mit Sparen verknüpfen, die sogenannten Kapitallebensversicherungen. Mehr zu den Nachteilen unter „Sicherheit hat ihren Preis“ ab S. 105.

Meine Eltern wollen unserem Sohn Geld schenken und für ihn ein Konto eröffnen. Eigentlich eine gute Lösung, oder?

Es ist eine gute Idee, wenn Sie, Verwandte und Freunde schon früh mit dem Sparen für Ihren Nachwuchs beginnen. Wenn Sie früh Geld zur Seite legen, profitieren Sie im Laufe der Jahre deutlich vom Zinseszinseffekt. Wenn Sie zum Beispiel 18 Jahre lang jeden Monat 50 Euro sicher zu einem Zinssatz von 1,5 Prozent anlegen, kann Ihr Sohn bei Volljährigkeit immerhin auf Ersparnisse von knapp 12 400 Euro zugreifen.

Eine weitaus größere Summe wäre aber drin, wenn Sie nicht auf Sparprodukte setzen, sondern das Geld in einen Fonds-Sparplan einzahlen. Mit dieser Anlage ist zwar ein höheres Risiko verbunden, doch die Einzahlung in Investmentfonds kommt durchaus infrage, denn das Geld soll ja auf lange Sicht – zum Beispiel bis zum Ausbildungsbeginn – angelegt werden. Tipps und Hilfestellungen unter „Geld anlegen für die Kinder“, S. 112.

Unseren Kindern soll es gut gehen, wenn uns etwas passiert. Kann ich bestimmen, wer sich im Ernstfall um sie kümmert?

Ja, mit einer „Sorgerechtsverfügung“ können Sie rechtliche Klarheit schaffen. In dieser Verfügung können Sie einen Vormund für Ihre Kinder vorschlagen. Der kümmert sich dann anstelle der Eltern um alle persönlichen und wirtschaftlichen Belange der Kinder, solange sie noch nicht volljährig sind. Ohne eine solche Verfügung ist es im Ernstfall den Gerichten überlassen, die Entscheidung über das Sorgerecht zu treffen, denn dieses geht nicht automatisch an nahe Verwandte wie die Großeltern oder Onkel und Tante.

Wie Sie Ihre Kinder finanziell absichern können, lesen Sie ab S. 134. Welche Ansprüche Sie an die gesetzliche Rentenversicherung haben, auf Seite 94.

Unsere Tochter geht bald in die Kita. Können wir auch das Essensgeld in der Steuererklärung abrechnen?

Nein, Sie können zwar den Beitrag für die Kinderbetreuung als Sonderausgaben beim Finanzamt geltend machen, doch Ihre Ausgaben für die Verpflegung bleiben außen vor. Wie Sie „mit Betreuungskosten Steuern sparen", lesen Sie ab S. 80. Vorher erfahren Sie zum Beispiel auch, dass es sinnvoll ist, wenn Sie mit Ihrem Arbeitgeber aushandeln, dass er Ihnen den Kita-Beitrag zahlt, anstatt Ihr Gehalt zu erhöhen. Denn so können Sie Steuern und Sozialabgaben sparen. Und auch Ihr Arbeitgeber profitiert, denn anders als bei der Gehaltserhöhung spart auch er Sozialabgaben ein, wenn er den Kita-Beitrag übernimmt.

Mit den Steuerklassen III und V fahren wir doch auch als Eltern gut, oder?

Das kommt darauf an. Die Kombination III/V ist für viele Paare tatsächlich reizvoll. Sie können sich so jeden Monat ein möglichst hohes Nettoeinkommen sichern, weil der oder die Arbeitgeber insgesamt weniger Lohnsteuer vom Bruttogehalt abziehen und ans Finanzamt überweisen. Aber – und das sollten Sie nicht vergessen: Diese Abrechnung ist nur vorläufig! Endgültig abgerechnet wird erst mit der Steuererklärung. Und die kann unter Umständen nicht so attraktiv sein, wenn ein Partner Einkommen nach Klasse III versteuert hat und der andere nach Klasse V. Denn vielen Paaren droht dann eine deftige Nachforderung vom Finanzamt. Wie Sie diese verhindern können sowie viele Tipps für die Steuererklärung für Familien finden Sie im Kapitel „Abgaben und Steuern im Griff" ab S. 63. Dort lesen Sie auch, warum Sie als verheiratete Eltern manchmal lieber keine gemeinsame Steuererklärung beim Finanzamt einreichen sollten.

Mal heißt es, die Riester-Rente ist schlecht, mal ist sie besser als ihr Ruf. Was denn nun?

Für Familien ist ein Riester-Vertrag dank der staatlichen Förderung immer noch attraktiv – vorausgesetzt, Sie wählen einen Vertrag, der zu Ihnen und Ihrer Situation passt. Das große Plus für alle, die Kinder haben, sind die staatlichen Zulagen: Für ein Kind, das ab 2008 geboren wurde oder noch geboren wird, erhalten Sie bis zu 300 Euro im Jahr vom Staat geschenkt. Der Sparer selbst bekommt noch bis zu 154 Euro dazu, ab 2018 sind es 175 Euro. Damit kann zum Beispiel eine Mutter mit zwei Kindern derzeit jedes Jahr bis zu 754 Euro (demnächst bis zu 775 Euro) vom Staat bekommen, wenn sie einen Riester-Vertrag abschließt.

Je nach Einkommen reicht es schon aus, wenn sie selbst den Mindestbeitrag von 60 Euro im Jahr aufbringt, um die vollen Zulagen zu kassieren. Alle Einzahlungen sind sicher und werden dem Riester-Sparer auf jeden Fall bei Rentenbeginn zur Verfügung stehen. Je nach Einkommen können Riester-Sparer eventuell zusätzlich Steuern sparen. Mehr zu den Bedingungen erfahren Sie unter „Riester attraktiv für Familien“ ab S. 99.

Diese staatliche Förderung kann eine Menge wert sein. Wenn Sie beispielsweise planen, eine Immobilie zu bauen oder zu kaufen, können Sie die Zulagen plus Ihre eigenen Riester-Beiträge in einen Riester-Bausparvertrag investieren oder in einen geförderten Kreditvertrag. Oder Sie nutzen bereits angespartes Riester-Vermögen, etwa in einem Banksparplan oder in einer Versicherung, um es zur Tilgung eines Immobiliendarlehens zu nutzen. All das ist möglich, wie Sie unter „Der Traum vom Eigenheim“ (S. 115) nachlesen können. Wenn Sie keine Immobilienpläne haben, können Sie das Geld zum Beispiel in einen geförderten Fonds-Sparplan einzahlen.

Ein neues Leben

Vorfreude und Sorge, Euphorie und Unsicherheit: Rund um die Ankunft eines Kindes prasseln ganz unterschiedliche Gefühle auf die (werdenden) Eltern ein. Zumindest finanziell und rechtlich können sie sich vorbereiten.

Kinder sind toll. Sie machen ihre Eltern glücklich, bringen sie zum Lachen, wecken ein neues Verantwortungsgefühl. Manchmal bringen sie ihre Eltern auch zum Weinen, sorgen für Zweifel und Unsicherheit, um sie im nächsten Moment mit einem Lachen um den Finger zu wickeln.

Doch das erste Kind stellt nicht nur Ihre Gefühlswelt auf den Kopf, sondern meist auch den kompletten Alltag. Als frischgebackene Eltern stehen Sie vor ganz neuen Herausforderungen wie kurzen Nächten, Babypflege, Kinderarzt- und Kita-Suche.

Dazu kommt, dass Sie sich häufig an eine neue Rollenverteilung gewöhnen müssen: Nach der Geburt wird mindestens ein Elternteil für einige Zeit zu Hause bleiben, anstatt arbeiten zu gehen. In den meisten Familien ist es immer noch die Mutter, die die längere berufliche Auszeit nimmt. Und danach ist ein Teilzeitjob für sie eine oft genutzte Möglichkeit, um Familienleben und Beruf unter einen Hut zu bekommen.

Zwar machen auch immer mehr Väter von der Möglichkeit Gebrauch, in Elternzeit zu gehen, doch oft sind ihre Auszeiten auf wenige Monate begrenzt. Statistiken zeigen, dass Männer 2015 im Schnitt für rund drei Monate Elterngeld bezogen haben.

Letztlich wird somit häufig der Vater zumindest vorübergehend zum Alleinernährer der Familie, während die Mutter beruf-

HÄTTEN SIE'S GEWUSST?

In Deutschland werden wieder mehr Kinder geboren!

Im Jahr 2015 waren es 737 575 und damit 22 648 mehr als im Vorjahr.

Die meisten Kinder kamen im Sommer zur Welt. Spitzenreiter war der Juli mit rund 68 000 Geburten, knapp vor August und September.

Die beliebtesten Vornamen waren 2016

Marie, Sophie und Sophia bei den Mädchen, Elias, Alexander und Maximilian bei den Jungen.

Quelle: Statistisches Bundesamt, Gesellschaft für deutsche Sprache

lich erst einmal ausgebremst ist. Manch einem fällt es schwer, sich in diese neue Situation hineinzufinden.

Finanzielle Veränderungen

Gerade diese organisatorische Veränderung kann auch Folgen für die finanziellen Spielräume einer Familie haben: Wenn ein Gehalt voll oder zumindest zum Teil wegfällt, steht den Eltern trotz staatlicher Unterstützung wie dem Elterngeld weniger Einkommen zur Verfügung – und das in einer Zeit, in der zusätzliche Ausgaben anstehen.

Verdient der eine Partner genug, um die Familie wenn nötig allein zu ernähren, ist das kein existenzielles Problem. Auch wenn Sie als Paar beispielsweise auf Ersparnisse zurückgreifen können, um so zumindest eine vorübergehende Einkommenslücke zu schließen, müssen Sie sich kaum Sorgen machen. Schwieriger wird es dagegen, wenn Sie sich finanziell keine großen Sprünge erlauben können, etwa als Alleinerziehende, bei Arbeitslosigkeit oder wenn der weiter berufstätige Partner nur wenig verdient.

Um Ihre finanziellen Möglichkeiten besser ausloten zu können, empfiehlt es sich, dass Sie sich schon vor der Geburt und danach regelmäßig die Zeit nehmen und sich einen Überblick über Ihre Finanzen und Ihre finanziellen Spielräume verschaffen:

- Informieren Sie sich über die verschiedenen Formen der staatlichen Unterstützung für junge Eltern und nutzen Sie sie.

Vorfreude
Kinderzimmer einrichten, Kliniktasche packen, Nervosität in den Griff bekommen: Bis zur Geburt bleibt einiges zu erledigen.

- Schöpfen Sie die steuerrechtlichen Möglichkeiten aus, um Ihr monatliches Budget aufzubessern.
- Klären Sie, ob Ihre Familie ausreichend über Versicherungen geschützt ist, welche Verträge Sie aufbessern und auf welche Sie verzichten können.
- Verlieren Sie auch die künftige finanzielle Absicherung nicht aus den Augen
- und gestalten Sie sie so, dass jeder Partner für sich wenn nötig finanziell auch allein – ohne Partner – klarkommt.

Dieser Ratgeber wird Ihnen dabei helfen, Ihre Finanzen auch als Familie im Griff zu behalten. Wir erklären zum Beispiel, wie Sie beim Elterngeld am besten abschneiden, was ein Steuerklassenwechsel bringen kann und unter welchen Voraussetzungen eine Geldanlage im „Pantoffel"-Portfolio auch für Eltern eine bequeme Sache ist.

Auch rechtliche Fragen – etwa zum Sorgerecht oder zu den Bedingungen für die berufliche Rückkehr nach der Elternzeit – werden wir beantworten. Zu allererst geben wir Ihnen in diesem Kapitel aber einen Überblick zu den Aufgaben und Ausgaben, mit denen Sie rechnen müssen, wenn aus einem Paar eine Familie wird.

Eine spannende Zeit

Sind Sie ein Freund von Listen zum Abhaken? Spätestens kurz vor der Geburt ihres ersten Kindes werden viele zu Fans solcher Listen. So behalten sie direkt auf Papier oder zumindest in ihrem Kopf den Überblick, was noch alles zu erledigen und zu besorgen ist. Und die Listen sind lang – angefangen beim Kauf der Erstausstattung fürs Kind über die Suche nach Hebamme und Krankenhaus bis hin zu den Anträgen auf Eltern- und Kindergeld (siehe Checkliste auf S. 16).

Einige Punkte auf der persönlichen Abhakliste stehen allen (werdenden) Eltern bevor. Je nach persönlicher Lebenssituation können natürlich weitere Aufgaben dazukommen, zum Beispiel „Hochzeit vorbereiten" oder „Umzug in eine größere Wohnung planen und organisieren". Auch wenn all das erst einmal nach einer Menge Arbeit und einer großen Herausforderung aussieht: Viele der Aufgaben machen auch Spaß!

Checkliste

Das müssen Sie als (werdende) Eltern erledigen

Während der Schwangerschaft:

- ☐ Den Arbeitgeber über die Schwangerschaft informieren
- ☐ Gegebenenfalls finanzielle Unterstützung beantragen
- ☐ Babyausstattung besorgen
- ☐ Krankenhaus wählen und sich dort zur Geburt anmelden
- ☐ Nachsorgehebamme suchen
- ☐ Mutterschaftsgeld beantragen
- ☐ Nicht verheiratete Eltern: Je nach Wunsch Vaterschaft anerkennen, Sorgeerklärung abgeben
- ☐ Als Vater Urlaub für Zeitraum um die Geburt beantragen, Antrag auf Elternzeit sieben Wochen vorher stellen, wenn Sie diese direkt nach der Geburt nehmen wollen
- ☐ Kinderarzt suchen
- ☐ Finanzcheck: Wie viel berufliche Auszeit können Sie sich leisten?
- ☐ Als werdende Mutter erster Informationsaustausch mit Arbeitgeber zu Bedingungen für Berufsrückkehr
- ☐ Antrag auf Elterngeld vorbereiten
- ☐ Als Selbstständige: Mit Blick auf Elterngeld Aufträge möglichst vor der Geburt endgültig abrechnen.

Nach der Geburt:

- ☐ Kind beim Standesamt anmelden
- ☐ Als Mutter Elternzeit beim Arbeitgeber beantragen
- ☐ Das Kind krankenversichern
- ☐ Als Mutter Termine mit Hebamme und Gynäkologen vereinbaren
- ☐ Termin zur U-Untersuchung beim Kinderarzt vereinbaren
- ☐ Elterngeld beantragen
- ☐ Kindergeld beantragen
- ☐ Eventuell weitere finanzielle Unterstützung wie Wohngeld beantragen
- ☐ Versicherungscheck: Reicht der Schutz auch als Familie?
- ☐ Finanzcheck: Einnahmen und Ausgaben im Blick behalten
- ☐ Rechtliche Klarheit schaffen, zum Beispiel mit Vorsorgevollmacht.

Die Finanzen früh im Blick

Wie schaffen wir das finanziell? Stellen Sie sich diese Frage möglichst früh. Nach dem Budgetcheck wissen Sie nicht nur, ob Sie sich das neueste Kinderwagenmodell leisten können.

Spätestens im letzten Drittel der Schwangerschaft steht das Einkaufen fürs Kind ganz oben auf der Aufgabenliste der werdenden Eltern. Die Erstausstattung muss her. Manch einer wird erstaunt sein, wie viel Geld sich dafür ausgeben lässt. Wer im Baby-Fachmarkt einen Kinderwagen, die Babyschale fürs Auto, ein Tragetuch und diverse Kleinigkeiten wie Badewanne, Windeleimer und Wickelunterlage besorgt, kann es auf einen Schlag leicht über die 1 000-Euro-Grenze schaffen – und das ohne Babybett und Wickelkommode. Natürlich geht es auch deutlich günstiger: Online, auf Flohmärkten oder im Secondhandladen gibt es unzählige gebrauchte Babyartikel im Angebot. Doch egal, ob Sie neu oder gebraucht kaufen: Für den Nachwuchs müssen Sie neue Ausgaben einplanen.

Parallel müssen die laufenden Kosten wie Miete oder Immobilienkredit, Lebensmittel und andere Nebenkosten weiter finanziert werden. Eventuell steigen die Ausgaben sogar an, wenn wegen des Familienzuwachses eine größere Wohnung nötig wird. Die regelmäßigen Ausgaben fürs Wohnen sind der größte Posten, der das Haushaltsbudget belastet: Nach Angaben des Statistischen Bundesamts hatten die Haushalte in Deutschland 2015 im Schnitt monatliche Konsumausgaben von 2 391 Euro – allein 859 für das Wohnen.

Dazu kommen neue laufende Ausgaben – zum Beispiel für Windeln, Kleidung und Nahrung fürs Kind. Die Liste lässt sich erweitern um Posten, die sich junge Eltern zwar nicht leisten müssen, aber gerne leisten wollen, etwa die Teilnahmegebühr für die Kurse in Babymassage und PEKiP oder für eine Unfall- und Krankenzusatzversicherung fürs Kind. Je nach persönlicher Planung und Wohnort kommen in absehbarer Zeit die Gebühren für Kita oder Tagesmutter dazu.

Zurechtkommen mit weniger Einkommen

Parallel zu den steigenden Ausgaben sinken trotz staatlicher Unterstützung wie Eltern- und Kindergeld in vielen Familien die verfügbaren Einnahmen.

Beispiel: Britta hat vor der Geburt als Angestellte 3 600 Euro brutto und knapp 2 226 Euro netto im Monat verdient. Diese Summe steht ihr auch während der Mutterschutzzeit zu. Danach kann sie knapp 1 393

Euro Basiselterngeld im Monat oder bis zu 696 Euro Elterngeld Plus bekommen. Verdient sie während des Bezugs der Lohnersatzzahlung schon wieder eigenes Geld, wird dies auf die Leistung angerechnet. Die jeweiligen Elterngeldregeln lesen Sie unter „Geld für Eltern und Kind“ ab S. 38.

Brittas Beispiel zeigt, dass den frischgebackenen Eltern im Jahr nach der Geburt gegenüber der Zeit davor leicht mehrere Hundert Euro im Monat an Einnahmen fehlen. Obwohl sie pro Kind zusätzlich zum Elterngeld 192 Euro Kindergeld im Monat erhalten, sind die Einnahmen oft niedriger als früher.

Auch nach Ablauf der beruflichen Auszeit steigt das Familieneinkommen häufig nicht gleich wieder an: Damit das Familienleben überhaupt funktioniert, entscheiden sich die meisten Eltern dafür, dass mindestens einer oder sogar beide Elternteile nicht mehr Vollzeit arbeiten. Das zeigt auch unsere Grafik mit statistischen Daten zur Situation der „Babys in Deutschland“ auf S. 19.

Die reduzierte Arbeitszeit hat Auswirkungen aufs monatliche Budget:

Startet Britta zum Beispiel mit 16 Arbeitsstunden pro Woche anstatt ihrer früheren 40 Stunden, bleibt netto deutlich weniger übrig als vor der Geburt und auch als während der Zeit, in der das Elterngeld floss. Statt der 3 600 Euro verdient sie brutto nur noch 1 440 Euro – netto macht das rund 1 070 Euro, wenn sie Steuerklasse IV hat. Im Vergleich zur Vollzeitstelle fehlen ihr also mehr als 1 000 Euro im Monat, und selbst im Vergleich zum Elterngeld von rund 1 390 Euro steht sie etwas schlechter da.

→ Haushaltsbuch führen

Um den Überblick über Ihr Budget nicht zu verlieren, kann es sich lohnen, wenn Sie Ihre Einnahmen und Ausgaben über mehrere Wochen notieren – umso mehr, wenn das Budget eher knapp ist. Erstellen Sie eine eigene Übersicht, oder nutzen Sie das „Haushaltsbuch“ der Verbraucherzentralen, das Sie für 7,90 Euro erwerben können. Im Internet finden Sie außerdem einen Monats- und Wochenplan, den Sie kostenfrei herunterladen können (zum Beispiel www.verbraucherzentrale.nrw, dann „Shop“auswählen, Rubrik „Geldanlage und Finanzen“ und hier „Das Haushaltsbuch“. Im laufenden Text können Sie den entsprechenden Link anklicken.

Die persönlichen Wünsche – die finanziellen Möglichkeiten

Beschränken Sie Ihren Finanzcheck rund um die Geburt aber nicht nur auf die laufenden Einnahmen und Ausgaben. Prüfen Sie gleichzeitig, was Sie an Ersparnissen und weiteren Geldanlagen haben, und wann Sie jeweils auf die Mittel zugreifen können. Beantworten Sie für Ihre weitere Planung zum Beispiel folgende Fragen:

Babys in Deutschland

Bei uns werden wieder mehr Kinder geboren. Und so sieht ihr Umfeld statistisch gesehen aus:

Rund 740 000 Kinder werden jährlich geboren.

Etwas mehr als die Hälfte der Babys hat ältere Geschwister, die anderen sind Erstgeborene.

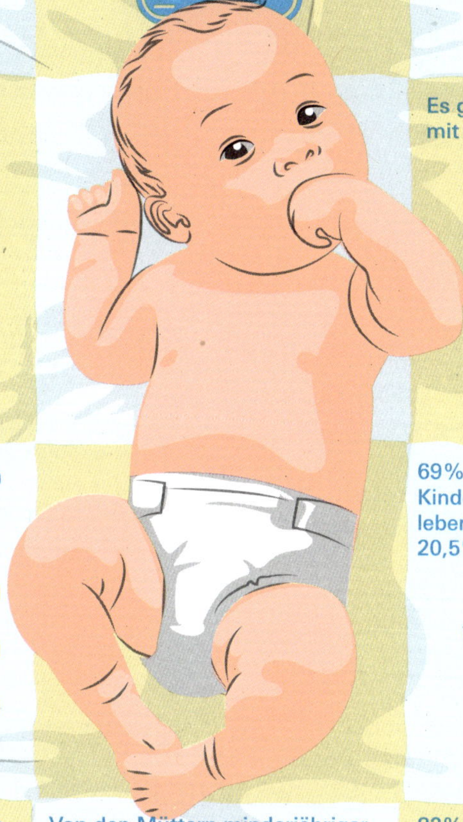

Es gibt rund 8 Millionen Familien mit minderjährigen Kindern.

Die Mutter ist bei der Geburt im Schnitt 31 Jahre alt, der Vater knapp 3 Jahre älter.

69% der Eltern minderjähriger Kinder sind verheiratet, 10,5% leben ohne Trauschein zusammen, 20,5% sind alleinerziehend.

Die Mütter in Deutschland haben im Schnitt 1,5 Kinder.

Von den Müttern minderjähriger Kinder arbeiten nur 24% Vollzeit, 46% Teilzeit, 30% bleiben zu Hause.

82% der Väter arbeiten Vollzeit, 13% sind zu Hause und nur 5% arbeiten Teilzeit.

Quelle: Statistisches Bundesamt, 2015

- Reicht das Einkommen des berufstätigen Elternteils aus, um wenn nötig den Großteil der Familienausgaben oder sogar alles alleine zu tragen?
- Hatten Sie und Ihr Partner vor der Geburt zusammen ein so hohes Einkommen, dass Sie regelmäßig Geld zur Seite legen konnten, sodass eine Einkommenslücke höchstens zur Folge hat, dass Sie nun weniger sparen können?
- Haben Sie Ersparnisse verfügbar, auf die Sie wenn nötig zurückgreifen können, sodass Sie eine Phase mit weniger Verdienst überbrücken können?
- Ist der Job des weiter arbeitenden Partners aller Voraussicht nach sicher?
- Haben Sie größere Pläne, zum Beispiel den Kauf einer Immobilie, für die Sie in absehbarer Zeit eine bestimmte Summe benötigen?
- Gibt es bereits laufende Kredite, die Sie bedienen müssen?

Wer kennt sich aus?

Im Internet finden Sie unter www.familien-wegweiser.de einen Elterngeldrechner, mit dem Sie Ihre Ansprüche während der Elternzeit ermitteln können. Einen weiteren sehr genauen Rechner finden Sie unter www.elterngeld.net. Auch Ihr mögliches Nettogehalt nach der Rückkehr in den Beruf können Sie sich ausrechnen: Viele Krankenkassen bieten im Internet Gehaltsrechner an. Wenn Sie zum Beispiel wissen, dass Sie bei halbierter Stundenzahl nur die Hälfte Ihres früheren Bruttogehalts verdienen werden, geben Sie diesen Wert in den Rechner ein und ermitteln, was netto bleibt. Oder sprechen Sie mit der Personalstelle Ihres Arbeitgebers, mit was Sie am Monatsende rechnen können.

Je nachdem, wie Sie diese Fragen für sich beantworten, können Sie zum Beispiel entscheiden,

- ob das Familienbudget es hergibt, dass beide Elternteile vorübergehend Elternzeit nehmen.
- ob Sie es sich als Mutter oder Vater leisten können, wie von Ihnen gehofft, länger als ein Jahr zu Hause zu bleiben.
- ob Sie als Eltern beide in Zukunft weniger Stunden arbeiten können, um sich die Kinderbetreuung zu teilen.
- wie viel Stunden Sie als Mutter nach der Elternzeit arbeiten müssen, damit es finanziell keine Probleme gibt.
- wie viel Sie als Alleinerziehende wenn möglich arbeiten müssen, um finanziell klarzukommen.
- welche Investitionen Sie sich auch mit Kind noch leisten können.
- wie viel Geld Sie jeden Monat für die Altersvorsorge beiseite legen können.

- ob Sie bei der Geldanlage ein gewisses Risiko eingehen können.
- ob Ihre bisherigen Ersparnisse und Ihre persönlichen Wünsche bezüglich Elternzeit und Arbeitsumfang zu Ihrem Traum vom Eigenheim passen.

Im besten Fall stellen Sie nach dem Finanzcheck fest, dass sich Ihre Wünsche zur beruflichen Auszeit und künftigen Arbeitszeit mit Ihren finanziellen Möglichkeiten als Familie vereinbaren lassen:
Beispiel: Der kleine Henry wurde Ende Juni 2017 geboren. Seine Mutter Sofie will bis Ende Oktober 2018 in ihrem Job als Industriekauffrau aussetzen. Sie weiß, dass sie nur bis zu Henrys erstem Geburtstag das volle Elterngeld bekommt, aber sie will trotzdem vier Monate länger zu Hause bleiben. Letztlich bleibt ihr auch nichts anderes übrig, weil sie und ihr Mann Michael erst ab August 2018 einen Kita-Platz für Henry haben.

Wenn Sofie bis Ende Oktober nicht arbeitet, bleibt ihr, so hofft sie, ein ausreichender Zeitpuffer, um Henry in aller Ruhe in der Kita einzugewöhnen und erste Kinderkrankheiten zu Hause durchzustehen. Nach der Auszeit will sie dann in Teilzeit in den Beruf zurückkehren.

Michael will keine Elternzeit nehmen – er hat erst kurz vor der Geburt einen neuen Job angetreten, da will er weiter präsent sein.

Der Finanzcheck der jungen Eltern hat ergeben, dass das Paar Sofies Auszeit und die anschließende Teilzeit stemmen kann. Sofie wählt das Basiselterngeld, auch wenn es Ende Juni 2018 endet. Sie könnte auch das 2015 eingeführte Elterngeld Plus wählen, das für einen längeren Zeitraum gezahlt wird. Doch das ist höchstens halb so hoch wie das Basiselterngeld – diese monatliche Lücke wäre dem Paar zu groß.

Wenn das Basiselterngeld Ende Juni 2018 ausläuft, wird es bis Ende Oktober finanziell ein bisschen eng für die junge Familie. Doch Sofie und Michael haben 20 000 Euro auf einem Tagesgeldkonto, das sie zum Überbrücken nutzen wollen.

An das Geld kommen sie kurzfristig heran. Das Polster würde auch reichen, um nicht nur ein paar Monate, sondern eine deutlich längere Phase mit wenig Einkommen zu überstehen. Wenn das Paar diese Summe zu einem Zinssatz von 1 Prozent anlegt, könnten sie beispielsweise immerhin zwei Jahre und vier Monate lang jeden Monat 700 Euro vom Ersparten für ihr Familienleben abzweigen. Danach wäre das Geld aber aufgebraucht und stünde beispielsweise nicht mehr für ein neues Auto oder als Eigenkapital für eine Immobilie zur Verfügung.

So lange will die junge Familie ihre Ersparnisse aber nicht anzapfen: Sofie will nach der Kita-Eingewöhnung mindestens 20 Stunden in der Woche arbeiten. Lieber wären ihr auf Dauer 25 Stunden, damit die Eltern wieder ein bisschen was zur Seite legen und sich auf Dauer ohne schlechtes Gewissen ein paar Wünsche erfüllen können.

Damit es für Mutter und Vater gerecht ist

Für manche Mutter ist die Sache klar: Sie will wie Sofie im vorherigen Beispiel zumindest ein gutes Jahr mit ihrem Kind verbringen. Andere zieht es deutlich früher zurück in den Job. Und wieder andere Mütter können sich nicht vorstellen, ihr Kind täglich abzugeben, bevor es zwei oder drei Jahre alt ist. Egal wie lange die Auszeit dauert: Die Mehrzahl der Mütter entscheidet sich dafür, danach in Teilzeit anstatt in Vollzeit zu arbeiten – das trifft auf etwa zwei Drittel der berufstätigen Mütter zu.

So besonders die berufliche Auszeit fürs Kind ist und so wichtig die reduzierte Arbeitszeit danach sein mag, um das Familienleben zu organisieren: Wenn sich beide Elternteile hier unterschiedlich engagieren, geht die Schere zwischen den Partnern womöglich weit auseinander – beim Einkommen, bei den Karrierechancen und später bei der Rente.

Denn während meistens der Vater weiter das volle Geld verdient, hat die Mutter zumindest vorübergehend zwar das Elterngeld, aber kein eigenes Gehalt oder aufgrund reduzierter Arbeitszeit deutlich weniger als der Partner. Er kann in der vollen Arbeitszeit die Weichen für mögliche Karrieresprünge stellen. Sie wird durch die berufliche Auszeit ausgebremst und muss eventuell anderen den Vortritt bei leitenden Positionen lassen, die sich während ihrer Abwesenheit profilieren können. Kehrt sie danach in den Beruf zurück, erschweren ihr nicht selten Teilzeit-Anwesenheit, feste Kita-Schließzeiten und Kinderkrankheiten den Weg zur Teamleiterin oder in eine andere Führungsposition. An ihr können damit auch karrierebedingte Gehaltssteigerungen und Bonifikationen vorbeiziehen.

Das Minus im Vergleich zum Partner zieht sich bis ins Rentenalter weiter, denn wer während des Berufslebens weniger in die Rentenkasse einzahlt, erhält im Ruhestand weniger ausgezahlt („Für die Rente zählt jeder Punkt", S. 90).

Wie gehen Sie als Paar mit diesen Unterschieden um? Solange Sie glücklich miteinander sind, mögen die Unterschiede für Sie bedeutungslos sein. Schließlich steht der eine für den anderen ein und verdient, wenn nötig, für ihn mit.

Aber wie steht es im Fall einer Trennung? Viele scheuen den Gedanken. Doch davor ist niemand geschützt – egal ob mit oder ohne Trauschein.

Das Gesetz schützt Verheiratete

Wenn Eltern verheiratet sind, profitieren die Frauen beziehungsweise die Partner, die die überwiegende Auszeit für die Familie nehmen, im Ernstfall von einigen Mechanismen, um die familiär bedingten Einkommensunterschiede auszugleichen:

- **Unterhalt:** Per Gesetz sind die Ehepartner nicht nur zu gegenseitigem Beistand und Fürsorge verpflichtet, sondern auch zum gegenseitigen Unterhalt. Sollten sie sich trennen, hat derjenige, der für die Erziehung des Kindes seinen Beruf zurückstellt, bis zum Ende des dritten Geburtstags des Kindes Anspruch auf Unterhaltszahlungen des Expartners. Anders als vor einer Gesetzesänderung im Jahr 2008 ist danach allerdings in der Regel Schluss mit dem nachehelichen Unterhalt. Eine Mutter ist dann per Gesetz gehalten, eine Vollzeitbeschäftigung aufzunehmen und so selbst für ihren Unterhalt zu sorgen. Davon unabhängig sind die Unterhaltsleistungen fürs Kind (siehe „Das Kind finanziell absichern", S. 26).

- **Versorgungsausgleich:** Sämtliche Versorgungsansprüche, die die Ehepartner während der Ehe fürs Alter erwirtschaftet haben – sei es aus der gesetzlichen Rentenversicherung, sei es aus privaten oder staatlich geförderten Verträgen zur Altersvorsorge –, werden bei der Scheidung zwischen den beiden Partnern zu gleichen Teilen aufgeteilt.
- **Zugewinngemeinschaft:** Ehepaare, die keinen Ehevertrag geschlossen haben, leben automatisch im Güterstand der Zugewinngemeinschaft. Das bedeutet: Jeder Partner behält das Vermögen, das er mit in die Ehe gebracht hat und kann eigenes Vermögen hinzuerwerben. Das von beiden Partnern zugewonnene Vermögen wird im Fall einer Trennung auf beide Partner zu gleichen Teilen aufgeteilt.

30 SEKUNDEN FAKTEN

65 %

Von den knapp 740 000 Kindern, die 2015 in Deutschland geboren wurden, kamen fast zwei Drittel als Kinder von verheirateten Eltern auf die Welt.

75 %

Baden-Württemberg ist das Bundesland, in dem der Anteil der verheirateten Eltern am höchsten war, knapp gefolgt von Bayern.

40 %

In den östlichen Bundesländern sind im Schnitt deutlich weniger Eltern bei der Geburt ihres Kindes verheiratet als in den westlichen Ländern. In Sachsen-Anhalt, Mecklenburg-Vorpommern und Brandenburg waren es 2015 keine 40 Prozent.

Quelle: Statistisches Bundesamt

→ Gemeinsames Bankkonto

Ein Elternteil verdient überwiegend das Geld, der andere übernimmt meist die Besorgungen des Alltags und fürs Kind? In diesem Fall ist das gemeinsame Konto eine bequeme Lösung. So kann der Partner mit den Alltagsaufgaben direkt auf das nötige Geld zugreifen. Doch das gemeinsame Konto ist kein Muss. Wenn zumindest ein Elternteil selbstständig arbeitet, sind getrennte Konten allein schon aus Haftungsgründen sinnvoll. Achten Sie bei den Einzelkonten aber darauf, dass Sie Ihrem Partner für den Notfall eine Vollmacht dafür geben.

Vertrag für mehr Sicherheit – mit oder ohne Trauschein

Doch reichen die gesetzlichen Vorkehrungen allein aus, damit zum Beispiel die in Teilzeit arbeitende Mutter bei einer Trennung im Vergleich zum voll berufstätigen Partner nicht zu schlecht abschneidet?

Sie können für mehr Ausgleich untereinander sorgen. Das ist mithilfe eines notariell beglaubigten Ehevertrags möglich. Darin lassen sich beispielsweise eine längere Unterhaltszahlung vereinbaren, Ausgleichszahlungen für die familienbedingte Auszeit oder besondere Regelungen zum Versorgungsausgleich treffen. Einen solchen Vertrag können Sie auch noch während der Ehe schließen.

Wer kennt sich aus?

Lassen Sie sich von einem Anwalt für Familienrecht zu den vertraglichen Regelungen als Ehepaar oder auch als Paar ohne Trauschein beraten. Im Ratgeber „Sich trauen" der Stiftung Warentest finden Sie detaillierte Informationen rund um Ehevertrag und sämtliche Rahmenbedingungen für Brautpaare. Erhältlich unter www.test.de/shop.

Auch ohne Trauschein können Sie vertragliche Vereinbarungen treffen, um sich gegenseitig abzusichern. Darüber sollten Sie nachdenken, denn wenn sich unverheiratete Eltern trennen, steht der Partner, der beruflich für die Familie zurückgesteckt hat, im ungünstigsten Fall finanziell komplett mit leeren Händen da: Ohne Trauschein gibt es rechtlich gegenüber dem Expartner keine Unterhaltsansprüche, keinen Versorgungsausgleich und keinen Zugewinnausgleich. Jeder Partner wirtschaftet für sich selbst. Weiter erschwert wird die Situation, wenn der Expartner dann nicht einmal den Unterhalt für die Kinder zahlt (siehe „Das Kind finanziell absichern" ab S. 26).

Um sich vor so einer Situation zu schützen, bieten vertragliche Regeln zum Beispiel zu Ausgleichszahlungen frühzeitig Klarheit und Sicherheit.

Rechtliche Klarheit: Mein, dein, unser Kind

Trauschein: ja oder nein? Die Antwort führt beim Sorgerecht zu Unterschieden. Wie Ehepaare und eingetragene Lebenspartner, unverheiratete Eltern und Patchwork-Familien Klarheit schaffen.

Wenn die Eltern verheiratet sind, ist die Sache klar: Beide Ehepartner haben das gemeinsame Sorgerecht für das Kind. Die elterliche Sorge ist das Recht zur Erziehung und die Pflicht zur Betreuung und Versorgung eines minderjährigen Kindes. Die Eltern stehen damit bis zur Volljährigkeit ihres Kindes in der Pflicht: Sie entscheiden zum Beispiel, welche Kita ihr Kind besucht, ob es geimpft werden soll und ob es später zur Oma in die Ferien fahren darf.

Teilen sich Eltern das gemeinsame Sorgerecht, müssen sie wichtige Entscheidungen für das Kind gemeinsam treffen. Sie verwalten außerdem sein Vermögen und entscheiden darüber, wie es verwendet wird. Ihre Pflicht ist dabei, das Vermögen zu erhalten oder zu vermehren. Sie dürfen es nicht zu eigenen Zwecken, etwa für die Finanzierung des Eigenheims, ausgeben.

Ohne Trauschein aktiv werden

Wollen unverheiratete Eltern das gemeinsame Sorgerecht für ihr Kind übernehmen, muss das Paar selbst aktiv werden: Denn per Gesetz erhält die unverheiratete Mutter das alleinige Sorgerecht, selbst wenn sie und der Vater in einem Haushalt leben. Der werdende Vater kann aber noch während der Schwangerschaft beim Jugendamt die Vaterschaft anerkennen, und als Paar können Sie eine gemeinsame Sorgeerklärung abgeben, sodass Sie sich dann das Sorgerecht teilen. Beides können Sie gebührenfrei beim Jugendamt erledigen. Wenn Sie dort einen Termin vereinbaren, fragen Sie gleich nach, welche Unterlagen Sie mitbringen müssen.

→ Väterrechte

Verweigert die allein sorgeberechtigte Mutter die Erklärung zum gemeinsamen Sorgerecht, hat der Vater seit 2013 das Recht, ohne Zustimmung der Mutter die „Mitsorge" beim Familiengericht zu beantragen. Früher war dies nur möglich, wenn die Mutter dazu Ihr Einverständnis erklärt hatte. Das Familiengericht entscheidet zugunsten des Vaters, wenn das gemeinsame Sorgerecht dem Kind nicht schadet.

Gemeinsam sorgen trotz Trennung

Am gemeinsamen Sorgerecht ändert sich nicht ohne Weiteres etwas, wenn Sie sich trennen oder scheiden lassen. Selbst wenn Sie mit neuen Partnern zusammenleben, behalten die leiblichen Eltern das gemeinsame Sorgerecht. Nur wenn Sie das Familiengericht einschalten, kann dieses die Erklärung über die gemeinsame Sorge aufheben.

Bleibt es nach der Trennung beim gemeinsamen Sorgerecht, entscheiden beide leiblichen Eltern weiter wichtige Fragen gemeinsam.

Zur gerichtlichen Entscheidung muss es aber nicht kommen, wenn sich die Eltern bei Trennung oder Scheidung einig werden: Vor allem die Kinder profitieren, wenn es ohne Gericht eine möglichst entspannende Lösung gibt. Sie können zum Beispiel klären, wo der Nachwuchs leben wird und welche Möglichkeiten der andere Partner hat, mit ihm Kontakt zu halten.

Beim gemeinsamen Sorgerecht entscheiden die leiblichen Eltern trotz räumlicher Trennung weiter gemeinsam über wichtige Fragen rund ums Kind, etwa über die Kontoeröffnung oder eine nötige Operation. Alltagsfragen wie Taschengeld oder Schlafenszeit darf der Elternteil allein bestimmen, bei dem das Kind hauptsächlich wohnt.

Das Kind finanziell absichern

Und wie steht es mit den Ausgaben fürs Kind? Hier gibt es eine klare Regel: Der Elternteil, bei dem das Kind nicht wohnt, ist zu regelmäßigen Unterhaltszahlungen verpflichtet. Die Höhe des Unterhaltsanspruchs können die Eltern mithilfe der „Düsseldorfer Tabelle“ ermitteln – einer Leitlinie für Unterhaltsansprüche, die das Düsseldorfer Oberlandesgericht gemeinsam mit anderen Gerichten erstellt hat. Die Tabelle zeigt an, wie hoch der Unterhaltsanspruch eines Kindes je nach Alter und Nettoeinkommen des Unterhaltspflichtigen ist.

Die aktuelle Tabelle finden Sie auf der Internetseite www.olg-duesseldorf.nrw.de, dort unter „Schnellzugriff“. Nach dieser Tabelle gilt zum Beispiel: Verdient der getrennt lebende Vater monatlich 2 500 Euro netto, ergibt sich ein Mindestbedarf für sein Kind im Alter von 0 bis 5 Jahren von monatlich 394 Euro. Auf diesen Mindestbedarf werden Kindergeld und Freibeträge, zum Beispiel der Eigenbedarf des Unterhaltspflichtigen, angerechnet. So lässt sich der tatsächlich zu zahlende Betrag ermitteln.

Doch was, wenn es Streit über die Höhe der Zahlung gibt oder wenn der Partner gar nicht zahlt? Das ist leider häufig der Fall: Die Bertelsmann Stiftung hat 2016 ermittelt, dass 50 Prozent der Alleinerziehenden keinen Unterhalt für ihre Kinder bekommen und 25 Prozent nur unregelmäßig Zahlungen oder weniger als ihnen zusteht. Alleinerziehende sollten sich dann an das Jugendamt wenden und dort den Unterhaltsvorschuss beantragen. Er beträgt für Kinder bis zum 6. Geburtstag 150 Euro im Monat, bis zum 12. Geburtstag 201 Euro und bis zum 18. Geburtstag 268 Euro. Beziehen Sie Hartz IV, zieht das Jobcenter den Betrag aber ab, wenn es die Höhe Ihrer Leistung ermittelt.

→ Beistandschaft

Gibt es Probleme mit den Unterhaltszahlungen oder Unklarheiten über die Höhe, kann ein Elternteil beim Jugendamt die sogenannte Beistandschaft beantragen. Der Beistand ermittelt dann das Einkommen des Unterhaltspflichtigen und die Höhe des Unterhalts. Ist eine Einigung aller Beteiligten dennoch nicht möglich, vertritt der Beistand das Kind in einem gerichtlichen Unterhaltsverfahren. Die Beratung und der Beistand durch das Jugendamt sind kostenfrei.

Wer kennt sich aus?

Sie haben sich von Ihrem Partner getrennt und streiten nun zum Beispiel über das Sorge- und Besuchsrecht? Oder Sie überlegen, wie Sie das Zusammenleben Ihrer Kinder mit Ihrem neuen Partner organisieren? Zum Wohl der Kinder: Nutzen Sie Beratungsangebote, etwa bei den Jugendämtern oder bei freien Einrichtungen der Jugendhilfe. Solche Beratungsangebote in Ihrer Nähe finden Sie im Internet über die Suchmaschine auf der Internetseite der „Deutschen Arbeitsgemeinschaft für Jugend- und Eheberatung" unter www.dajeb.de.

Leben mit dem neuen Partner

Auch wenn die Eltern mit neuen Partnern zusammenleben, bleibt es dabei, dass der Elternteil, bei dem das leibliche Kind nicht wohnt, zu Unterhaltszahlungen verpflichtet ist. Die leiblichen Eltern werden außerdem – wie vorher – die wichtigen Entscheidungen gemeinsam treffen, wenn sie das gemeinsame Sorgerecht haben. Wer als Stiefelternteil mit dem Kind zusammenlebt, hat keine Entscheidungsbefugnisse, es sei denn, ihm oder ihr liegt eine Vollmacht von beiden leiblichen Elternteilen vor. Dann bekommt der Stiefvater oder die Stiefmutter Erziehungs- und Mitspracherechte.

Hat hingegen beispielsweise die Mutter das alleinige Sorgerecht, kann ihr neuer Partner bei alltäglichen Fragen mitentscheiden – vorausgesetzt, die Mutter ist damit einverstanden.

Neue Bedingungen nach Adoption

Die vollen Entscheidungsbefugnisse erhalten Stiefvater oder Stiefmutter erst, wenn sie ein Kind adoptieren. Dann stehen dem

„neuen" Elternteil per Gesetz alle Entscheidungsrechte wie leiblichen Eltern zu sowie auch der Anspruch auf die gesetzlichen Leistungen, etwa Kinder- und Elterngeld. Das adoptierte Kind hat nun die gleiche Stellung wie ein gemeinschaftliches Kind.

Die Adoption eines Stiefkindes ist in aller Regel aber nur mit Einwilligung beider leiblichen Elternteile möglich. Nur unter bestimmten Voraussetzungen, etwa wenn der zweite leibliche Elternteil nicht auffindbar ist, geht es unter Umständen ohne dessen Einwilligung. Ist das Kind 14 Jahre oder älter, muss es selbst der Adoption zustimmen.

Gleichgeschlechtliche Partner, die sich bisher für eine eingetragene Lebensgemeinschaft entschieden haben, können das leibliche Kind ihres Partners adoptieren. Möglich ist auch, dass der zweite Partner ein adoptiertes Kind des Lebenspartners adoptiert. Eine gemeinsame Adoption war allerdings lange Zeit ausgeschlossen. Das ist seit der Gesetzesänderung zur „Ehe für alle" im Sommer 2017 anders: Entscheiden sich homosexuelle Paare nun für die Ehe, dürfen sie auch gemeinsam Kinder adoptieren.

Wenn den Eltern etwas passiert

Nach der Trennung der Eltern ist der zweite Elternteil im besten Fall noch greifbar, und der Nachwuchs kann ihn regelmäßig besuchen. Doch wie geht es weiter, wenn ein Elternteil stirbt oder sogar beiden etwas zustößt? Der Gedanke macht Angst, doch es ist wichtig, dafür Vorkehrungen zu treffen.

Wenn die Eltern das gemeinsame Sorgerecht haben und ein Elternteil stirbt, erhält automatisch der andere das alleinige Sorgerecht für Kind oder Kinder.

Hatte der verstorbene Elternteil das alleinige Sorgerecht, überträgt das Familiengericht es automatisch dem anderen Elternteil – es sei denn, dies würde dem Kindeswohl widersprechen. Wollen Sie verhindern, dass Ihr Expartner im Ernstfall das Sorgerecht bekommt, können Sie dies in einer Sorgerechtsverfügung festlegen. Diese Verfügung ist auch sinnvoll, wenn Sie festlegen wollen, wer die Vormundschaft für Ihre Kinder übernimmt, wenn beide Elternteile sterben sollten. Diese Verfügung müssen Sie per Hand schreiben. Das Datum und Ihre Unterschrift mit Vor- und Zunamen dürfen nicht fehlen. Eine Beispielformulierung finden Sie auf www.test.de/familienset-vorlagen.

Weitere rechtliche Vorsorge

Wenn Sie sich um eine Sorgerechtsverfügung kümmern, sollten Sie die Gelegenheit nutzen, auch andere Formalitäten zu regeln. Was, wenn Sie zum Beispiel bei einem Unfall schwer verletzt werden, dringend operiert werden müssen, aber nicht ansprechbar sind, um Ihre Einwilligung zu geben? Sie denken: Dann wird mein Partner schon richtig für mich entscheiden?

Ganz so einfach ist es nicht, denn Ihr Partner hat zumindest derzeit nicht automatisch das Recht, für Sie Entscheidungen zu treffen – auch nicht, wenn Sie verheiratet sind. Dem Krankenhaus bleibt in so einer Situation daher nur, sich an das Betreuungsgericht zu wenden, damit es einen Vertreter für Sie bestimmt. Diesen Vorgang können Sie umgehen, wenn Sie einer vertrauten Person eine Vorsorgevollmacht ausstellen. Damit hat die benannte Person ausdrücklich die Befugnisse, zum Beispiel in Ihrem Namen einer Operation oder der weiteren Behandlung zuzustimmen oder Geldgeschäfte für Sie zu übernehmen.

Es gibt zwar Pläne, Ehepartnern per Gesetz zumindest in Fragen der Gesundheitssorge ein automatisches Vertretungsrecht zu geben, doch bis Redaktionsschluss für diesen Ratgeber hat der Bundesrat dem Vorhaben nicht zugestimmt.

Sie haben nach der Trennung oder dem Verlust Ihres Partners keine Person, der Sie so sehr vertrauen, dass Sie sie in der Vorsorgevollmacht einsetzen würden? Oder Sie haben jemanden, etwa Ihre Eltern, doch die leben weit weg? Dann bietet es sich an, dass Sie eine Betreuungsverfügung aufsetzen. Als Betreuer können auch Fremde infrage kommen, etwa Mitglieder eines Betreuungsvereins. Solche Vereine gibt es mittlerweile in vielen Städten und Gemeinden.

Ein großer Unterschied zwischen Vorsorgevollmacht und Betreuungsverfügung: Der eingesetzte Betreuer steht anders als der Bevollmächtigte unter der Kontrolle des Gerichts und muss einmal im Jahr einen Überblick zur Situation des Betreuten geben, unter anderem zu seinen Finanzen.

So schwer es fällt, sich mit diesem Thema auseinanderzusetzen: Sinnvoll ist außerdem, wenn Sie sich um eine Patientenverfügung kümmern. In diesem Dokument können Sie festlegen, in welche medizinischen Behandlungen Sie in bestimmten Fällen einwilligen und welche Sie ablehnen. Mit dieser Verfügung machen Sie es der Person, die für Sie Entscheidungen treffen soll, und den behandelnden Ärzten einfacher, tatsächlich in Ihrem Sinne zu handeln.

Wer kennt sich aus?

Ob Patientenverfügung, Sorgerechtsverfügung oder Vorsorgevollmacht: Es sind schwierige Themen, über die niemand gerne nachdenkt! Nehmen Sie sich Zeit und lassen Sie sich von einem Rechtsanwalt oder Notar beraten, ehe Sie die Vollmachten erstellen. Fragen Sie im Freundeskreis, ob Sie jemanden empfehlen können. Oder fragen Sie bei den Rechtsanwaltskammern nach Experten in Ihrer Nähe. In ihrem „Vorsorge-Set" hat die Stiftung Warentest alle wichtigen Informationen zu diesem Thema zusammengefasst. Dort finden Sie auch die nötigen Formulare und Ausfüllhilfen, erhältlich unter www.test.de/shop.

Das steht Ihnen zu

Elterngeld, beitragsfreie Familienversicherung, Entlastungsbetrag für Alleinerziehende: Das sind nur drei von über 100 Leistungen, mit denen der Staat Familien unterstützt. Besondere Rechte gegenüber dem Arbeitgeber sorgen für zusätzliche Sicherheit.

→ **Über die Familienpolitik** wird in Deutschland unter den politischen Parteien, in den Medien und unter Eltern viel diskutiert und gestritten: Sind die familienpolitischen Maßnahmen gerecht? Entlasten sie an der richtigen Stelle oder sind viele dieser Leistungen reine Geldverschwendung? Helfen sie, um Paare zu motivieren, ein Kind zu bekommen?

Auch zuletzt im Bundestagswahlkampf 2017 drehte sich vieles um die „Familie“: Die Parteien brachten unterschiedliche Ideen und Vorschläge auf die Tagesordnung, um Familien weiter zu entlasten, darunter zum Beispiel einen Zuschuss für den Kauf der Babyausstattung, die Abschaffung der Kita-Gebühren sowie ein Familiengeld für Eltern, die zeitgleich Arbeitszeit reduzieren, um sich gemeinsam um die Kinder zu kümmern. Ob und was sich von diesen Maßnahmen letztlich durchsetzen wird, war bis Redaktionsschluss nicht abzusehen.

Und wie sind die bisher vorhandenen familienpolitischen Maßnahmen zu bewerten? Das Bundesfamilienministerium wollte es vor einigen Jahren genau wissen und hatte dazu eine große Studie in Auftrag gegeben. Ein Ergebnis: Die Einstellungen zum Familienleben und zur Partnerschaft haben sich in den vergangenen Jahren grundle-

Gut betreut
In manchen Regionen ist es eine echte Herausforderung, einen Kita-Platz zu bekommen. Planen Sie einige Zeit für die Suche ein.

gend verändert. Vor allem junge Menschen wünschen sich heute eine gleichberechtigte Partnerschaft und Aufgabenteilung, und sie wollen wirtschaftlich unabhängige Partnerinnen und Partner. Der Vereinbarkeit von Beruf und Familienleben kommt deshalb eine besondere Bedeutung zu.

Rechtsanspruch auf einen Betreuungsplatz

Für das Bundesfamilienministerium ist der Ausbau der öffentlich geförderten Kinderbetreuung eine wichtige Voraussetzung, um die bessere Vereinbarkeit von Beruf und Familie zu erreichen. Seit 2013 haben Eltern für Kinder ab einem Jahr einen Rechtsanspruch auf einen Betreuungsplatz. Für Kinder unter eins gilt der Anspruch unter anderem , wenn die Eltern berufstätig, in Ausbildung oder arbeitssuchend sind.

Auch wenn sich beim Kita-Ausbau in den vergangenen Jahren einiges getan hat und gerade im Bereich der Unterdreijährigen viele neue Plätze geschaffen wurden: Immer noch haben Familien Schwierigkeiten, einen Betreuungsplatz zu bekommen.

2016 haben die Eltern Rückendeckung vom Bundesgerichtshof erhalten (BGH, Az. III ZR 278/15, 302/15 und 303/15): Kommen die Kommunen ihren Verpflichtungen nicht nach, ausreichend Plätze zur Verfügung zu stellen, sind sie zu Schadenersatz verpflichtet, erklärten die Richter. Können Eltern nicht in den Beruf zurückkehren, weil sie ihr Kind zu Hause versorgen müssen, weil die Stadt keine Kitaplätze frei hat, können sie den entgangenen Verdienst geltend machen.

Schon vorher hatten verschiedene Gerichte zugunsten von Eltern entschieden, die bei der Kita-Suche nicht wie erhofft fündig geworden waren: So musste beispielsweise die Stadt Mainz Eltern entschädigen, die keinen Kita-Platz bekommen und sich deshalb auf eigene Faust eine Tageseinrichtung für ihre Zwillinge gesucht hatten. Sie bekamen Plätze in einem Waldorf-Kindergarten. Dafür wurden jedoch Mitgliedsbeiträge fällig. Diese Kosten musste die Stadt den Eltern erstatten, urteilte das Oberverwaltungsgericht Rheinland-Pfalz (nachzulesen unter Az. 7 A 10849/15.OVG).

→ Möglichst früh suchen

Werden schon im Dezember alle Kita-Plätze für den nächsten Sommer vergeben? Müssen wir uns in der Wunsch-Kita vorstellen? Welche Formulare brauchen wir? Informieren Sie sich frühzeitig, wann und wie die Betreuungsplätze in Ihrer Stadt oder Gemeinde vergeben werden. Sobald klar ist, dass Ihr Kind zukünftig Betreuung benötigt, sollten Sie einen Platz beantragen. So hat das Jugendamt genügend Zeit, um den Bedarf zu planen.

Direkte finanzielle Förderung

Während es beim Kita-Ausbau darum geht, die nötige Infrastruktur für die Eltern zu schaffen, bringen die meisten der derzeitigen familienpolitischen Maßnahmen den Familien einen direkten finanziellen Vorteil. Dem Elterngeld kommt dabei eine besonders große Bedeutung zu. In der vom Familienministerium beauftragten Studie heißt es, das Elterngeld sorge dafür, dass Frauen früher wieder in den Beruf zurückkehren und dass Männer mehr in die Betreuung einbezogen werden. Vor allem die Neugestaltung der Leistung durch Einführung des Elterngeld Plus sei hier positiv zu bewerten. Mehr zu den genauen Regeln unter „Geld für Eltern und Kind" ab S. 38.

Besonders hilfreich sind nach den Untersuchungsergebnissen zudem die Leistungen, die auf bestimmte Zielgruppen zugeschnitten sind – beispielsweise der Kinderzuschlag, den Familien mit niedrigem Einkommen zusätzlich zum Kindergeld bekommen können: Sie erhalten pro Monat 170 Euro pro Kind. Diese Leistung helfe, die Familien vor dem Bezug von Hartz-IV-Leistungen zu bewahren.

Schlechter kommt in der Gesamterhebung zum Beispiel das „Ehegattensplitting" weg: Dass Ehepaare dank des sogenannten Splittingtarifs weniger Einkommensteuer zahlen müssen, verbessere zwar kurzfristig die Einkommenssituation von Familien, sorge aber gleichzeitig dafür, dass Frauen weniger arbeiten.

Ihre Ansprüche, Ihre Rechte

Auch wenn die familienpolitischen Maßnahmen unterschiedlich gut oder schlecht in der Gesamtbewertung abschneiden, sollten Sie als Familie wissen, was Ihnen zusteht und wie Sie die staatliche Unterstützung für sich nutzen können. Deshalb stellen wir Ihnen auf den folgenden Seiten die wichtigsten Förderungen für junge Eltern vor. Das Kindergeld und steuerliche Freibeträge gehören ebenfalls dazu. Auf diese werden wir ausführlich im Kapitel „Steuern und Abgaben im Griff" ab S. 63 eingehen.

Mindestens genauso wichtig wie die finanzielle Unterstützung ist für viele Eltern aber die Zeitfrage: Ohne berufliche Auszeit für die Familie geht es nicht. Deshalb beginnen wir mit Ihrem Recht auf Elternzeit und stellen später Ihr Recht auf Teilzeit vor.

Berufliche Auszeit für die Familie

Direkt nach der Geburt, bei Kinderkrankheiten oder für die alltäglichen Familienaufgaben brauchen Eltern zeitliche Freiräume. Ein Risiko für ihren Job darf das per Gesetz nicht sein.

Wenn sich die erste Aufregung nach dem Wissen über die Schwangerschaft gelegt hat, gehen in vielen Partnerschaften bereits die Planungen los: Wie wollen wir uns künftig organisieren? Wer bleibt wie lange zu Hause? Wer kann uns unterstützen?

Per Gesetz haben beide Elternteile Anspruch darauf, bei ihrem Arbeitgeber für bis zu drei Jahre Elternzeit zur Betreuung und Erziehung ihres Kindes zu beantragen und so lange ein bestehendes Arbeitsverhältnis ruhen zu lassen.

Wenn die Elternzeit endet, hat der Beschäftigte das Recht, zu seinen vorherigen Arbeitsstunden zurückzukehren. Es ist möglich, dass beide Elternteile zeitgleich bis zu drei Jahre in Elternzeit gehen.

So weit die Theorie. In der Realität wird die gemeinsame Auszeit aber meist auf höchstens ein paar Monate beschränkt sein.

Elternzeit am Stück oder etappenweise

Das Gute an der Elternzeit: Sie dürfen die maximal drei Jahre pro Elternteil und Kind splitten. Für alle Kinder, die seit dem 1. Juli 2015 geboren wurden oder noch geboren werden, ist es erlaubt, dass Mütter und Väter bis zu 24 Monate der Elternzeit erst nehmen, wenn ihre Kinder zwischen drei und acht Jahre alt sind. Die Eltern dürfen die Elternzeit in maximal drei Blöcke aufteilen. Allerdings kann der Arbeitgeber den dritten Abschnitt der Elternzeit aus dringenden betrieblichen Gründen ablehnen, wenn das Kind dann schon drei Jahre alt ist.

Für Kinder, die bis zum 30. Juni 2015 geboren wurden, war es immerhin möglich, die Elternzeit in zwei Blöcke zu teilen und zwölf Monate Elternzeit erst nach dem 3. bis zum 8. Geburtstag zu nehmen.

Als Arbeitnehmer müssen Sie die Elternzeit, die Sie innerhalb der ersten drei Lebensjahre Ihres Kindes nehmen wollen, spätestens sieben Wochen vor deren Beginn schriftlich beim Arbeitgeber anmelden. Sie sind verpflichtet, sich für zwei Jahre festzulegen. Einen Elternzeit-Block, den Sie erst nach dem dritten Geburtstag nehmen wollen, müssen Sie allerdings schon mit einem Vorlauf von 13 Wochen beim Arbeitgeber anmelden.

Sobald Sie die Elternzeit angemeldet haben, frühestens aber acht Wochen vor deren Beginn, gilt für Sie ein Kündigungsschutz. Nur in besonderen Fällen kann ausnahmsweise eine Kündigung während der Elternzeit zulässig sein.

Besonderer Schutz schon während der Schwangerschaft

Die arbeitsrechtlichen Sonderregeln starten aber nicht erst nach der Geburt. Frauen profitieren schon während der Schwangerschaft von diversen Vorgaben und Schutzmaßnahmen.

Erst wenn der Arbeitgeber von der Schwangerschaft weiß, haben Sie als Angestellte Anspruch auf die Schutzmaßnahmen.

Um die Mütter und das (ungeborene) Kind zu schützen, regelt das Mutterschutzgesetz die wichtigsten Fragen zu Arbeitsbedingungen und Arbeitszeiten, zum Kündigungsschutz und zur Zahlung von Mutterschaftsgeld. Das Gesetz gilt für alle werdenden Mütter, die in einem Arbeitsverhältnis stehen – ganz gleich ob sie Vollzeit oder Teilzeit arbeiten. Auch Minijobberinnen, Hausangestellte und Heimarbeiterinnen fallen unter den Schutz. Ab 2018 gilt das Gesetz außerdem für Studentinnen und Schülerinnen.

Für Selbstständige und Hausfrauen gilt das Mutterschutzgesetz nicht. Doch sie haben unter bestimmten Voraussetzungen ebenfalls Anspruch auf finanzielle Unterstützung, beispielsweise auf das Mutterschaftsgeld der gesetzlichen Krankenkassen. Wann Sie profitieren können und in welcher Höhe, lesen Sie ab S. 38.

Die Regelungen des Mutterschutzgesetzes, die vor allem Ihre berufliche Situation betreffen, können Sie aber erst für sich nutzen, sobald Ihr Arbeitgeber von Ihrer Schwangerschaft weiß. Deshalb sollten Sie ihm die Schwangerschaft und den voraussichtlichen Geburtstermin mitteilen, sobald Sie ihn kennen. Erst wenn er davon weiß, haben Sie Anspruch auf die jeweiligen Schutzmaßnahmen.

Der Arbeitgeber ist übrigens verpflichtet, die Schwangerschaft an die Aufsichtsbehörden – staatliche Arbeitsschutz- oder Gewerbeaufsichtsämter – zu melden. Diese können dann die Einhaltung der Schutzmaßnahmen überprüfen.

Schutz vor Jobverlust – passende Arbeitsbedingungen

Während der Schwangerschaft bis zum Ablauf von vier Monaten nach der Entbindung des Kindes haben Sie als Mutter per Gesetz Kündigungsschutz. Eine Kündigung in dieser Zeit ist in aller Regel unzulässig. Nur in wenigen Ausnahmefällen ist sie erlaubt, zum Beispiel wenn der Arbeitgeber in die Insolvenz geht.

Geschützt im Job
Lässt die Gesundheit es zu, starten werdende Mütter ihre Auszeit meist sechs Wochen vor dem erwarteten Geburtstermin.

→ Was tun bei Kündigung?

Kündigt Ihnen der Arbeitgeber während der Schwangerschaft trotz des Kündigungsverbots, holen Sie sich schnellstmöglich Unterstützung, beispielsweise beim Fachanwalt für Arbeitsrecht. Sie haben nach Zugang der schriftlichen Kündigung nur drei Wochen Zeit, um gegen die Kündigung beim Arbeitsgericht Klage einzureichen. Klagen Sie nicht fristgerecht, gilt die Kündigung als rechtswirksam.

Der Kündigungsschutz gilt auch, wenn die Schwangerschaft in der Probezeit gemeldet wird. Ist das Arbeitsverhältnis aber von vornherein befristet, endet es trotz der Schwangerschaft zum vertraglich vereinbarten Termin.

Umgekehrt gilt: Als Frau sind Sie vor der Geburt und in den vier Monaten danach nicht an das Kündigungsverbot gebunden. Sie können den Arbeitsvertrag zum Ende der Schutzfrist auflösen. In diesem Fall sollten Sie sich ebenfalls fachliche Unterstützung holen, zum Beispiel wenn es um einen Aufhebungsvertrag geht oder um mögliche Sperrfristen für Leistungen der Arbeitsagentur.

Sobald der Arbeitgeber von Ihrer Schwangerschaft weiß, muss er sich auch an die Maßgaben des Mutterschutzgesetzes für die Bedingungen am Arbeitsplatz halten. Sie haben zum Beispiel ein Recht darauf, sich wenn nötig ausruhen zu können. Außerdem gilt unter anderem, dass Sie nicht mehr der schädlichen Einwirkung von gesundheitsgefährdenden Stoffen und Strahlen, Gasen oder Dämpfen, Hitze oder Kälte ausgesetzt werden dürfen. Es ist verboten, dass Sie schwere Gewichte per Hand bewegen und dass Sie nach dem fünften Monat eine ständige Tätigkeit im Stehen ausüben, wenn dies über vier Stunden täglich dauert. Akkord- und Fließbandarbeit mit vorgeschriebenem Arbeitstempo sind ab Bekanntgabe der Schwangerschaft untersagt, ebenso Nachtarbeit sowie Arbeiten an Sonn- und Feiertagen. Allerdings gibt es hier einige Ausnahmen, etwa im Hotel- und Gaststättenbereich.

Wenn Ihr Arzt per Attest bestätigt, dass Sie Ihre Arbeit gar nicht mehr oder nur noch zum Teil ausüben dürfen, ist Ihr Arbeitgeber daran gebunden. Dadurch dürfen Ihnen keine Einkommenseinbußen entstehen. Vorgabe ist, dass Ihnen das Geld zur Verfügung steht, das Ihnen auch in den letzten drei Monaten (beziehungsweise in den letzten 13 Wochen bei wöchentlicher Abrechnung) durchschnittlich gezahlt wurde.

Der Arbeitgeber muss Sie freistellen, damit Sie zu den nötigen Vorsorgeuntersuchungen gehen können – vorausgesetzt, diese sind nur während der Arbeitszeit möglich. Auch dadurch dürfen Sie keinen Verdienstausfall haben.

Mutterschutzzeit ab sechs Wochen vor errechnetem Termin

Wenn bis dahin gesundheitlich alles glatt gelaufen ist, beginnt die berufliche Auszeit fürs Kind in der Regel sechs Wochen vor dem errechneten Geburtstermin. Ab dann darf die Frau nur noch beschäftigt werden, wenn sie ausdrücklich erklärt hat, dass sie es will.

In den acht Wochen nach der Entbindung gilt für angestellte Frauen allerdings ein striktes Beschäftigungsverbot – egal, ob sie wollen oder nicht.

Bei Früh- oder Mehrlingsgeburten gilt eine längere Frist. Zum einen verlängert sich bei einer Frühgeburt – dazu zählen unter anderem Geburten, bei denen das Kind weniger als 2 500 Gramm wog – der nachgeburtliche Mutterschutz auf zwölf Wochen. Dazu kommt: Die Mutterschutzphase nach der Geburt verlängert sich außerdem noch um die vorgeburtlichen Mutterschutzzeiten, die wegen der frühzeitigen Entbindung nicht in Anspruch genommen werden konnten. Wenn also beispielsweise ein kleines Mädchen bereits fünf Wochen vor dem ursprünglich errechneten Geburtstermin auf die Welt kommt, zieht sich der Mutterschutz nach der Geburt über 17 Wochen.

Arbeitet die Mutter nach Ablauf des Beschäftigungsverbots gleich wieder, stehen ihr während der Mutterschutzphase Stillpausen zu, ohne dass sie deshalb Einkommenseinbußen fürchten muss.

Die meisten Mütter sind allerdings nicht so schnell wieder am Arbeitsplatz – in den meisten Fällen schließt sich an den Mutterschutz direkt die Elternzeit an.

Geld für Eltern und Kind

Das Elterngeld erleichtert die berufliche Auszeit. Seit Mitte 2015 ist es finanziell attraktiver geworden, während der Elternzeit schon wieder zu arbeiten.

So schön die Auszeit vom Beruf zugunsten der Familie ist: Ohne einen finanziellen Ausgleich für die Gehaltseinbußen würde es in vielen Familien schwierig werden, die Zeit tatsächlich zu genießen. Sicherheit bringen das Mutterschaftsgeld und später vor allem das Elterngeld. Zusätzlich können Sie sich auf das Kindergeld verlassen, das Ihnen ab dem Monat der Geburt zusteht. Mehr dazu und zu den Kinderfreibeträgen, mit denen Sie Steuern sparen können, lesen Sie ab S. 66 unter „Keine Angst vor dem Finanzamt".

Mutterschaftsgeld rund um die Geburt

Zu Beginn der beruflichen Auszeit – nämlich in den letzten Wochen vor der Geburt und in den Wochen danach – profitieren die Mütter vom Mutterschaftsgeld. Dieses wird meistens von der gesetzlichen Krankenversicherung (Krankenkasse) gezahlt.

Anspruch auf diese Leistung haben Frauen, die in einer Krankenkasse pflichtversichert sind. Das trifft auf den überwiegenden Teil der Angestellten zu, denn angestellt Beschäftigte müssen sich gesetzlich krankenversichern, solange ihr Bruttoeinkommen aus der Beschäftigung bei höchstens 57 600 Euro im Jahr liegt (Stand: 2017).

Frauen, die sich freiwillig in einer Krankenkasse versichern, haben nur Anspruch auf das Mutterschaftsgeld der Krankenkasse, wenn sie mit ihr eine Vereinbarung über die Zahlung von Krankengeld getroffen haben. Das ist zwar häufig der Fall, aber nicht immer. So verzichten zum Beispiel manche Selbstständige darauf.

Die Höhe des Mutterschaftsgeldes richtet sich nach dem Nettoverdienst der Frauen in den letzten drei Monaten vor Beginn der Schutzfrist – bei wöchentlicher Abrechnung in den letzten 13 Wochen vor Beginn der Schutzfrist.

Der Arbeitgeber stockt auf

Die Zahlung der Krankenkasse liegt bei höchstens 13 Euro pro Kalendertag. Hochgerechnet ergibt sich daraus, dass die Kasse höchstens 390 Euro im Monat zahlen muss. Das ist nicht annähernd das, was viele Angestellte vor dem Mutterschutz an Einkommen hatten. In diesem Fall ist ihr Arbeitgeber verpflichtet, die 13 Euro Mutterschaftsgeld bis zu ihrem Tagesnettolohn aufzustocken.

Das höchste Mutterschaftsgeld erzielen (werdende) Mütter, wenn sie als Beschäftigte Steuerklasse III haben, denn dann ist das Nettogehalt am höchsten und damit fällt auch der Lohnersatz möglichst hoch aus. Ein Wechsel in diese Steuerklasse kommt aber nur für verheiratete Frauen infrage.

Doch Achtung: Wenn Sie erst kurz vor Beginn des Mutterschutzes in diese günstigste Steuerklasse wechseln, kann es eventuell sein, dass Ihnen das beim Mutterschaftsgeld nichts bringt. Denn der Arbeitgeber, der die Leistungen der Krankenkasse aufstockt, muss diesen Wechsel und damit den höheren zu zahlenden Betrag nicht unbedingt akzeptieren. Die günstigere Steuerklasse sollte spätestens drei Monate vor Beginn des Mutterschutzes wirken. Eine Garantie auf mehr Geld gibt es aber nicht. Der Chef muss den Wechsel bei der Berechnung des Zuschusses nur berücksichtigen, wenn er steuerlich sinnvoll ist. Ein Wechsel zu Klasse IV+Faktor ist aber immer möglich. Mehr zu Ihren Chancen finden Sie ab S. 72 unter „Steuerklassenwechsel für Ehepaare".

Manche Mütter mit deutlich weniger Anspruch

Für Selbstständige mit Krankengeldanspruch, aber eben ohne Arbeitgeber bleibt es hingegen bei den 13 Euro pro Kalendertag. Günstiger ist die Regelung für Freiberufler, die Mitglieder der Künstlersozialkasse (KSK) sind – etwa für freie Journalisten oder bildende Künstler. Für sie wird die Zahlung der Krankenkasse ähnlich wie für Angestellte durch die KSK aufgestockt.

Wenn Sie über Ihren Ehepartner in einer gesetzlichen Krankenkasse familienversichert sind oder wenn Sie privat krankenversichert sind, können Sie als Mutterschaftsgeld nur eine Einmalzahlung von 210 Euro beim Bundesversicherungsamt beantragen. Das gilt auch, wenn Sie etwa als Studentin Mutter werden und noch über Ihre Eltern familienversichert sind.

→ Anspruch auch als Minijobber

Selbst wenn Sie vor der Geburt einem Minijob nachgingen, haben Sie Anspruch auf Mutterschaftsgeld. Lag der Verdienst in den Monaten vor der Schutzfrist über 390 Euro, muss in dem Fall der Arbeitgeber aufstocken.

Elterngeld: Finanzieller Ausgleich nach der Geburt

Die Zahlung der Mutterschutzleistungen endet in der Regel acht Wochen nach dem vorab errechneten Geburtstermin, für Mehrlingsmütter oder nach einer Frühgeburt zwölf Wochen danach. Meist schließt sich daran direkt das Elterngeld an.

Frischgebackene Eltern haben heute die Wahl: Entweder Sie entscheiden sich für das Basiselterngeld oder für das Elterngeld Plus, das es für Neugeborene seit dem 1. Juli 2015 gibt. Möglich ist auch, beides miteinander zu kombinieren.

Antragsformulare bekommen Sie bei den Elterngeldstellen Ihrer Kommune. Über die Internetseite des Bundesfamilienministeriums können Sie sich durch Eingabe Ihrer Postleitzahl die Adresse der für Sie zuständigen Einrichtung anzeigen lassen. Oder Sie laden sich die Formulare im Internet herunter: Geben Sie beispielsweise „Elterngeld" und Ihr Bundesland in eine Suchmaschine ein, um zu den zuständigen Einrichtungen zu gelangen.

Das Basiselterngeld beträgt meist 65 Prozent des durchschnittlichen Nettoeinkommens der letzten zwölf Monate vor der Geburt. Bei Geringverdienern steigt die Quote auf bis zu 100 Prozent an. Die Elterngeldstelle zahlt maximal 1800 Euro im Monat. Der Mindestbetrag sind 300 Euro monatlich. Diese Summe bekommt, wer vorher kein oder nur ein sehr geringes Einkommen hatte. Lebt im Haushalt ein weiteres Kind unter drei Jahren, können die Eltern einen Geschwisterbonus bekommen. Das monatliche Elterngeld wird dann um 10 Prozent, mindestens um 75 Euro erhöht.

Ein Elternteil kann das Basiselterngeld maximal zwölf Monate beziehen. Übernimmt auch der Partner für wenigstens zwei Monate die Betreuung, verlängert sich die Bezugsdauer auf maximal 14 Monate. Alleinerziehende haben Anspruch auf die Zahlung für volle 14 Monate. Voraussetzung dafür ist, dass ihnen der „Entlastungsbetrag für Alleinerziehende" – ein zusätzlicher Steuerfreibetrag — zusteht. Diesen können Alleinerziehende beim Finanzamt beantragen. Die genauen Bedingungen dafür lesen Sie ab S. 76.

Aber Achtung: Die Mutterschutzmonate nach der Geburt werden auf die Elterngeldmonate angerechnet. Letztlich bekommen die Mütter also in der Regel etwa zwei Monate weniger Elterngeld.

Das 2015 eingeführte Elterngeld Plus ist höchstens halb so hoch wie das Basiselterngeld, das der Elternteil erhielte, wenn er nach der Geburt gar nicht arbeiten würde. Dafür wird es länger gezahlt – ein Monat Basiselterngeld entspricht zwei Monaten Elterngeld Plus.

Für Pflegekinder gibt es kein Elterngeld, für adoptierte Kinder schon. Für Adoptiveltern und für diejenigen, die ein Kind mit dem Ziel der Adoption aufnehmen, beginnt der Bezugszeitraum für das Elterngeld, sobald das Kind in den Haushalt aufgenommen wird, entscheidend ist nicht der Geburtstermin. Paare, die auf der Warteliste für eine Adoption stehen, sollten die Antragsformulare für das Elterngeld schon vorbereiten.

Elterngeld Plus interessant bei Rückkehr in den Job

Auf den ersten Blick scheint es nur einen Unterschied zwischen Basiselterngeld und Elterngeld Plus zu geben: Dieselbe Summe wird über einen längeren Zeitraum gestreckt.

Das stimmt – für jemanden, der während des Elterngeldbezugs nicht arbeitet, ist das der einzige Unterschied. Wenn Eltern aber schon während dieser Zeit wieder in das Berufsleben zurückkehren – erlaubt sind bis zu 30 Stunden pro Woche im Monatsschnitt –, können Sie sich durch das Elterngeld Plus mehr Leistungen sichern. Möglich ist außerdem, beide Formen zu kombinieren. Das kann einiges bringen, wie das folgende Beispiel zeigt:

Beispiel: Lena und Thorsten haben nach der Geburt von Sohn Jonas Anspruch auf Elterngeld. Lena hat vor der Geburt 2000 Euro netto verdient. Damit steht ihr ein Basiselterngeld von etwa 1246 Euro monatlich zu. Thorsten, der zwei Monate Elternzeit nimmt, verdient 2900 Euro netto. Eigentlich ergäben sich für ihn rund 1830 Euro Elterngeld, doch mehr als 1800 Euro im Monat werden nicht gezahlt.

Wenn Lena die zwölf Monate nach der Geburt zu Hause bleibt, spricht nichts dagegen, es beim Basiselterngeld zu belassen. Dann bekommt sie in den ersten acht Wochen nach der Geburt das Mutterschaftsgeld, danach für zehn Monate die 1246 Euro Basiselterngeld.

30 SEKUNDEN FAKTEN

6,6 MILLIARDEN EURO

gibt der Bund im Jahr 2017 für Elterngeld aus, rund 600 Millionen Euro mehr als noch im Vorjahr.

933 000 MÜTTER UND VÄTER

haben für ihre 2014 geborenen Kinder Elterngeld bezogen.

34,2 PROZENT

Für mehr als jedes dritte Kind, das 2014 geboren wurde, bezogen Mutter und Vater Elterngeld.

Quelle: www.bundeshaushalt.info, www.destatis.de

→ Besondere Rechnung

Wie kann das sein? Es heißt doch immer, es gibt 65 Prozent des Nettogehalts als Elterngeld – bei 2 000 Euro netto müssten das doch 1 300 Euro monatlicher Anspruch sein und nicht 1 246 Euro? Dieser niedrigere Elterngeldanspruch ergibt sich, weil die Elterngeldstelle nicht mit Ihrem tatsächlichen Nettogehalt rechnet, sondern nur 65 Prozent eines fiktiven Betrags („Elterngeld-Netto") als Leistung auszahlt. Denn während der Arbeitgeber bei der Gehaltszahlung vom Brutto oft nur Steuern und Sozialabgaben abzieht, zieht die Elterngeldstelle auch ein Zwölftel der Werbungskostenpauschale (1/12 von 1 000 Euro = 83,33 Euro) ab. Ihr Elterngeld-Netto ist also etwas kleiner als Ihr Nettolohn – und dadurch fällt auch Ihr Elterngeld geringer aus.

Doch Lena fängt ab dem siebten Monat nach der Geburt an zu arbeiten. Da sie nicht mehr Vollzeit arbeitet, verdient sie 800 Euro weniger als vor der Geburt.

Nun sollte sie die Chance nutzen, auf das Elterngeld Plus umzusteigen. Vorteil: Ein Monat Basiselterngeld entspricht zwei Monaten Elterngeld Plus.

Das Basiselterngeld würde Lena ab der Rückkehr in ihren Job nur noch für sechs Monate bekommen, da sie ja schon für sechs Monate Leistungen erhalten hat. Mit dem Wechsel zum Elterngeld Plus kann sie für zwölf weitere Monate Leistungen beziehen. Wenn sie im Vergleich zur Zeit vor der Geburt 800 Euro weniger verdient, kommt sie auf folgende Leistungen:

Gehaltseinbuße zur Zeit vor der Geburt	800 Euro
Höhe Elterngeld Plus (65 % von 800 Euro)	520 Euro
Auszahlung insgesamt ab Rückkehr in den Job (12 x 520 Euro)	**6 240 Euro**

Zum Vergleich: Beim Basiselterngeld wäre nach den ersten sechs Monaten zu Hause und nach sechs Monaten im Job Schluss mit der Zahlung gewesen – sie hätte für insgesamt 12 Monaten Geld bekommen. Durch den Wechsel zum Elterngeld Plus sichert sich somit 3 120 Euro mehr Leistungen (6 Monate x 520 Euro).

Eine Obergrenze gibt es aber noch: Das Elterngeld Plus darf nicht höher sein als die Hälfte des Basiselterngeldes – in Lenas Fall nicht höher als die Hälfte von 1 246 Euro.

Diese Regelung würde sich für Lena auswirken, wenn sie mit ihrem Teilzeitjob nicht 800 Euro weniger verdiente als vor der Geburt, sondern beispielsweise eine Einbuße von 1 000 Euro hätte:

Gehaltseinbuße zur Zeit vor der Geburt	1 000 Euro
Höhe Elterngeld Plus (65 % von1 000 Euro)	650 Euro
Aber: Begrenzung auf ½ von 1 246 Euro	**623 Euro**

Tandem fahren – Partnerbonus sichern

Für das Ehepaar aus dem Beispiel ist aber noch mehr möglich: Die Zwei können sich den sogenannten Partnerschaftsbonus von vier Monaten sichern. Voraussetzung dafür ist, dass beide Elternteile in diesen vier Monaten zwischen 25 und 30 Stunden pro Woche im Monatsschnitt Teilzeit arbeiten. Wenn diese Bedingung für die gesamten vier Monate erfüllt ist, haben sowohl die Mutter als auch der Vater in dieser Zeit Anspruch auf Elterngeld Plus.

Aber Achtung: Wenn einer von Ihnen zum Beispiel im vierten Partnermonat zu viele Stunden arbeitet, weil der Chef es verlangt, entfällt der Partnerschaftsbonus für die gesamten vier Monate – und zwar für beide Elternteile. Wenn Sie sich den Bonus sichern wollen, sollten Sie also von Anfang an darauf achten, dass die vier Tandem-Teilzeit-Monate wirklich eingehalten werden.

Selbstständige rechnen etwas anders

Für Selbstständige – egal ob Gewerbetreibende oder Freiberufler – ist die Abrechnung des Elterngeldes etwas komplizierter. Ein Unterschied: Um die Höhe des Elterngeldanspruchs zu ermitteln, sind nicht die letzten zwölf Monate vor der Geburt entscheidend, sondern in der Regel das Einkommen im letzten Kalenderjahr vor der Geburt.

Eine weitere Besonderheit: Einkommen, das erst nach der Geburt erzielt wird, etwa aus zu spät bezahlten Rechnungen der Kunden, wird auf den Leistungsanspruch angerechnet – der Anspruch auf Elterngeld sinkt dadurch also.

Nach der Geburt stehen Selbstständige noch mehr als Angestellte vor der Frage: Wie viel berufliche Auszeit kann ich mir erlauben? Die Angst, wichtige Auftraggeber zu verlieren, Kunden, Mandanten oder Patienten zu verprellen, ist oftmals da.

Für Selbstständige gilt wie für Angestellte: Wer Elterngeld bezieht, darf nebenbei Teilzeit arbeiten – bis zu 30 Stunden die Woche. Der Verdienst in dieser Zeit wird auf das Elterngeld angerechnet. Die Selbstständigen müssen ihren voraussichtlichen Verdienst schätzen, wenn sie Elterngeld beantragen.

Wer kennt sich aus?

Als Angestellte können Sie unter www.familien-wegweiser.de ausrechnen, wie hoch Ihr Elterngeld ausfallen wird. Mit Fragen zum Elterngeld und zur Höhe der Leistungen wenden Sie sich an die Elterngeldstelle in Ihrer Kommune. Außerdem liefert die Broschüre „Elterngeld, Elterngeld Plus und Elternzeit" des Bundesfamilienministeriums wichtige Antworten.

All diese Voraussetzungen sorgen dafür, dass gerade Selbstständige damit rechnen müssen, dass sich an der zunächst ermittelten Höhe der Leistungen im Nachhinein noch etwas ändert. Kalkulieren Sie mit ein, dass Sie eventuell Elterngeld zurückzahlen müssen, beispielsweise, wenn Sie während der Elternzeit doch schon wieder mehr verdient haben als Sie ursprünglich erwartet hatten.

Beim Elterngeld das Beste rausholen

Schon bevor das Kind da ist, können verheiratete Eltern dafür sorgen, dass sie nach der Geburt möglichst viel Elterngeld als Lohnersatz beziehen: Das gelingt ihnen, wenn sie ihr Nettogehalt steigern, indem sie sich für eine optimale Steuerklasse entscheiden. Diese Möglichkeit steht Ihnen allerdings nur mit Trauschein offen.

Am meisten Lohnersatz ist drin, wenn der Leistungsempfänger vorher die Steuerklasse III hatte. Verdient eine Frau vor der Geburt zum Beispiel 3 600 Euro brutto im Monat, bringt ihr ein Wechsel von der ungünstigsten Steuerklasse V in die günstige Steuerklasse III nach der Geburt jeden Monat rund 440 Euro mehr Elterngeld. Das ausführliche Beispiel finden Sie im Abschnitt „Mit günstiger Steuerklasse mehr Lohnersatz sichern“, S. 75.

Aber Achtung: Wollen Sie sich mithilfe des Steuerklassenwechsels mehr Leistungen sichern, sollten Sie sich sputen: Werdende Eltern müssen den Antrag auf den Wechsel beim Finanzamt spätestens sieben Monate vor dem Monat stellen, in dem der Mutterschutz beginnt. Wenn etwa der Geburtstermin für den 24. August 2018 errechnet wird und der Mutterschutz sechs Wochen vorher im Juli startet, muss der Steuerklassenwechsel noch im Dezember 2017 beantragt werden.

Viele werdende Eltern wissen so früh noch gar nichts von der Schwangerschaft. Wer sichergehen will und die Familiengründung plant, sollte überlegen, die Steuerklassen zu wechseln, bevor die Schwangerschaft feststeht.

Bei der nächsten Steuererklärung sollten Sie aufpassen, wenn Elterngeld geflossen ist. Das Elterngeld ist zwar steuerfrei, es unterliegt aber dem „Progressionsvorbehalt“, sodass sich dadurch der Steuersatz für das weitere Einkommen erhöhen kann. Diese Regel kann dazu führen, dass es für Paare günstiger ist, keine gemeinsame Steuererklärung abzugeben. Mehr dazu ab S. 83: „Gemeinsam oder allein?“

Checkliste

Besondere Herausforderungen

Sie haben sich schon vor der Geburt vom Vater des Kindes getrennt? Oder Sie sind noch mitten im Studium oder in der Ausbildung? Je nach finanzieller, beruflicher, privater oder gesundheitlicher Lage können Ihnen staatliche Hilfen und Fördermittel zustehen:

- ☐ **Wenn das Geld knapp ist:** Erkundigen Sie sich zum Beispiel bei Ihrer Gemeinde nach den Voraussetzungen für Sozialhilfe, Hartz-IV-Leistungen und Wohngeld. Fragen Sie bei der Familienkasse nach dem Zuschlag zum Kindergeld, der derzeit 170 Euro im Monat pro Kind beträgt. Nutzen Sie außerdem Beratungsangebote vom Jugendamt oder von Institutionen wie ProFamilia, Caritas oder Diakonie. Die Ansprechpartner kennen mögliche weitere Fördermittel, etwa Angebote von regionalen Stiftungen. Adressen finden Sie im Internet über die Seite www.dajeb.de.
- ☐ **Wenn Sie noch in der Ausbildung sind oder studieren:** Es gibt zum Beispiel für studierende Eltern einen BAföG-Kinderbetreuungszuschlag. Außerdem erhöhen sich die Freibeträge für Nebenverdienste. Mehr Infos erhalten Sie beim BAföG-Amt oder erkundigen Sie sich bei Ihrer Uni nach direkten Familienberatungsstellen. Auch wer Berufsausbildungsbeihilfe bezieht, kann unter bestimmten Voraussetzungen einen Betreuungszuschuss bekommen. Mehr unter www.arbeitsagentur.de, Suche: Berufsausbildungsbeihilfe.
- ☐ **Wenn Sie alleinerziehend sind:** Zusätzlich zu den genannten Hilfen bei knappem Budget sollten Sie sich beim Jugendamt über den „Unterhaltsvorschuss" informieren, wenn der andere Elternteil keinen Unterhalt zahlt.
- ☐ **Wenn das Kind krank ist oder mit einer Behinderung zur Welt kommt:** Neben den Leistungen aus der Krankenversicherung können auch Leistungen der Pflegeversicherung infrage kommen. Dazu gibt es unter anderem einige steuerliche Vorteile. Holen Sie sich Rat, zum Beispiel bei Pflegeberatungsstellen oder Selbsthilfegruppen.

Stellen Sie den Antrag auf den Steuerklassenwechsel zu spät, legt die Elterngeldstelle für Ihre Rechnung fiktiv zwölf Gehälter in der ungünstigeren Steuerklasse zugrunde.

→ Zeit gewinnen

Sind Sie mit dem Wechsel zu spät dran, bleibt Ihnen als werdende Mutter noch die Möglichkeit, bei der Elterngeldstelle schriftlich den Verzicht auf die „Ausklammerung" des Mutterschutzmonats zu erklären, um etwas Zeit zu gewinnen. So verschiebt sich der für die Berechnung des Elterngeldes relevante Einkommenszeitraum um einen Monat näher an die Geburt. Mehr zu dieser Regelung und wie Sie vorgehen können, um Ihren Anspruch zu erhöhen, lesen Sie unter www.test.de (Suchwort: „Elterngeld Riesenplus").

Vorteile bei Krankenkasse und Rente

Als Eltern profitieren Sie von Ersparnissen bei den Sozialabgaben. Und bei der Rente greift der Staat Ihnen etwas unter die Arme.

Während der Arbeitsmonate ist die Sache klar: Beide Elternteile zahlen regelmäßig Beiträge an die einzelnen Zweige der Sozialversicherung. Vor allem die Beiträge für die Absicherung im Alter sowie für die gesetzliche Krankenversicherung schlagen zu Buche.

Rund um die Geburt eines Kindes sieht die Belastung oft ganz anders aus: Meist ist nicht nur das Kind beitragsfrei krankenversichert, sondern auch der Elternteil, der beruflich aussetzt, kann sich die Kassenbeiträge sparen. Wenn beispielsweise eine Mutter angestellt beschäftigt ist und rund um die Geburt zunächst Mutterschaftsgeld und anschließend Elterngeld bezieht, bleibt sie während der beruflichen Auszeit beitragsfrei in ihrer Krankenkasse versichert. Sobald sie dann wieder anfängt zu arbeiten, werden auf den Verdienst aber Sozialabgaben fällig.

Ist eine Mutter verheiratet und hat nach Ablauf der Elternzeit kein oder nur ein geringes eigenes Einkommen, kann sie sich beitragsfrei über die Krankenkasse ihres

Partners versichern, vorausgesetzt, er ist ebenfalls gesetzlich versichert.

Auf Eltern, die freiwillig gesetzlich krankenversichert sind, können allerdings während der Elternzeit Beiträge zur Kranken- und Pflegeversicherung zukommen. Als freiwillig Krankenversicherter sollten Sie sich am besten frühzeitig bei Ihrer Kasse über die genauen Bedingungen für die Beiträge informieren, damit Sie wissen, welche Belastung auf Sie zukommt.

Privat Versicherte sind während der Elternzeit entsprechend ihren vertraglichen Vereinbarungen gegenüber dem Versicherungsunternehmen beitragspflichtig. Haken Sie dort nach, wenn Sie Fragen haben.

Oft kostenlose Absicherung fürs Kind

Gut 90 Prozent der Menschen hierzulande sind gesetzlich krankenversichert. Wenn die Kassenpatienten Eltern werden, haben sie einen großen finanziellen Vorteil: Sie können ihr Kind beitragsfrei mit absichern.

Diese sogenannte Familienversicherung für den Nachwuchs kommt infrage,

- wenn beide Elternteile gesetzlich krankenversichert sind.
- wenn die Eltern nicht verheiratet sind und mindestens ein Elternteil gesetzlich versichert ist.
- solange das Kind kein eigenes Einkommen hat, das über 425 Euro monatlich liegt (Stand 2017). Dieser Wert ändert sich von Jahr zu Jahr.

→ Weniger Zuzahlungen

Wenn Sie Ihr Kind gesetzlich krankenversichern, profitieren Sie als Eltern von einem weiteren Vorteil im Vergleich zu Kinderlosen: Für medizinische Leistungen müssen Sie weniger aus eigener Tasche zahlen. Zuzahlungen werden bis zur sogenannten Belastungsgrenze fällig. Wenn Sie in einem Jahr darüber hinausgehende Ausgaben etwa für verordnete Medikamente oder Krankenhausbehandlungen hatten, müssen Sie nicht mehr zuzahlen. Durch Kinderfreibeträge ist diese Belastungsgrenze für Familien geringer. Mehr dazu erfahren Sie bei Ihrer Krankenkasse. Hilfreich außerdem: Für Kinder und Jugendliche bis zur Vollendung des 18. Lebensjahres entfällt zum Beispiel die Zuzahlung auf Arzneimittel, auf Hilfsmittel wie Einlagen oder auf Heilmittel wie Logo- und Ergotherapie.

Es gibt allerdings auch Voraussetzungen, unter denen die beitragsfreie Versicherung des Kindes über die Eltern ausscheidet, etwa im folgenden Beispiel.

Beispiel: Sabrina und Thorsten sind verheiratet. Sie ist mit ihrem Jahreseinkommen von 40 000 Euro in einer gesetzlichen Krankenkasse pflichtversichert. Er hat sich bei einem Jahresverdienst von 62 000 Euro für den Wechsel zu einem privaten Krankenversicherer entschieden.

Sie können als Selbstständiger oder gut verdienender Angestellter in die private Krankenversicherung wechseln? Und Sie haben Kinder oder wollen eine Familie gründen? Dann klären Sie, ob der Wechsel Folgen für die beitragsfreie Familienversicherung des Kindes hätte. Überlegen Sie auch: Wie wichtig sind Ihnen die oft besseren Leistungen in einer privaten Versicherung? Sind Sie bereit, dafür auf Dauer mehr zu zahlen?

Unter diesen Voraussetzungen kann das Paar Sohn Noah nicht beitragsfrei über die gesetzliche Krankenkasse der Mutter versichern: Die Familienversicherung scheidet aus, da die Eltern verheiratet sind und der privat versicherte Vater das höhere Einkommen hat, mit dem er die Versicherungspflichtgrenze überschreitet.

Den Eltern bleibt entweder, ihren Sohn freiwillig gesetzlich zu versichern. Der Krankenversicherungsschutz wird derzeit je nach Beitragssatz der Kasse etwa 150 Euro Monatsbeitrag kosten. Alternativ haben sie die Möglichkeit, eine private Krankenversicherung für den Sohn abzuschließen. Dafür fallen je nach Vertrag ohne Beihilfe ebenfalls Monatsbeiträge von etwa 150 Euro an.

Wären Noahs Eltern nicht verheiratet, wäre es problemlos möglich, ihn beitragsfrei über Mutter Sabrina in ihrer Kasse abzusichern.

Wenn beide Eltern privat krankenversichert sind, scheidet die beitragsfreie Familienversicherung in einer gesetzlichen Kasse aus. Sind die Eltern privat versichert und haben als Beamte Anspruch auf Beihilfe ihres Dienstherren, können sie auch für ihre Kinder Beihilfe bekommen, solange sie Kindergeld für den Nachwuchs erhalten.

Kind schnell anmelden

Ihr Kind sollten Sie möglichst wenige Tage nach der Geburt bei der gesetzlichen Kasse oder einem privaten Versicherer anmelden. Der Schutz gilt dann rückwirkend vom Zeitpunkt ab der Geburt. So haben Sie schnell Klarheit über Anspruch und Umfang der Leistungen.

Wird das Kind privat versichert, sollten Sie allerspätestens nach zwei Monaten für Klarheit sorgen: Während dieser Zeit haben Eltern ein „Recht auf Nachversicherung". Das bedeutet, dass Ihr Kind ohne eventuelle Risikozuschläge oder Leistungsausschlüsse bei dem privaten Versicherer Schutz bekommen kann, bei dem auch ein Elternteil versichert ist. Der Schutz für die Kinder darf aber nicht über den der Eltern hinausgehen.

Sollten Eltern es tatsächlich nicht innerhalb dieser zwei Monate schaffen, ihr Kind beim privaten Versicherer zu versichern, müssen sie hinnehmen, dass der Anbieter

In der Pflicht
Kinder und Eltern müssen krankenversichert sein. Viele profitieren von der Familienversicherung in einer gesetzlichen Kasse.

dann doch Gesundheitsfragen stellen darf – mögliche Vorerkrankungen können den monatlichen Beitrag für das Kind dann in die Höhe treiben.

Mit der Krankenversicherung hat Ihr Kind zudem automatisch Schutz für den Pflegefall – entweder in der gesetzlichen Pflegeversicherung oder in der privaten Pflegepflichtversicherung.

Zuschuss bei der Rente

Eine berufliche Auszeit für die Familie hat nicht nur heute finanzielle Folgen, sondern auch in Zukunft: Sie hat Auswirkungen auf die Höhe der Rente.

„Wenn Mütter lange komplett beruflich aussetzen oder nur wenige Stunden arbeiten, droht ihnen im Alter eine Minirente.

Denn wenn Eltern die berufliche Auszeit für ihr Kind nehmen, zahlen sie selbst und ihr Arbeitgeber keine Beiträge in die Rentenkasse ein. Die Folgen können immens sein: Nach Statistiken der Deutschen Rentenversicherung bekamen 2015 kinderlose Frauen im Schnitt 684 Euro Rente im Monat ausgezahlt. Bei Müttern mit einem Kind waren es nur 671 Euro, bei zwei Kindern lediglich 618 Euro. Mütter mit drei Kindern brachten es auf 583 Euro, mit vier Kindern auf 582 Euro im Monat.

Die beruflichen Auszeiten, die sich vor allem Mütter nach der Geburt nehmen, schlagen sich also negativ in Sachen Rente nieder. Vor allem, wenn Sie als Mutter zu lange komplett aussetzen oder nur wenige Stunden arbeiten, droht Ihnen im Alter eine Minirente.

Solange Ihre Auszeiten begrenzt sind, hilft Ihnen der Staat aber noch weiter, sodass Ihre Einbußen nicht zu groß werden: Denn Eltern – im Regelfall die Mütter – profitieren in den ersten drei Jahren nach der Geburt von den sogenannten Kindererziehungszeiten. Das bedeutet: Auch wenn die Berufstätigen selbst keine Beiträge an die Rentenkasse zahlen, wird ihr Rentenkonto für drei Jahre so aufgestockt, als hätten sie in dieser Zeit das Durchschnittseinkommen aller Beitragszahler erzielt.

Ein Elternteil erwirbt in dieser Zeit also pro Jahr einen „Entgeltpunkt" für sein Rentenkonto. Ein solcher Punkt ist nach derzeitigem Stand 31,03 Euro Monatsrente in den westlichen und 29,69 Euro Monatsrente in den östlichen Bundesländern wert. Drei Jahre berufliche Auszeit bringen somit rund 90 Euro zusätzliche Monatsrente.

Im Regelfall erhält die Mutter den Punktezuschuss für ihr Rentenkonto. Er kann aber auch auf den Vater übertragen werden, oder die Eltern teilen sich die Erziehungszeiten auf – je nachdem, wer wann und wie lange die Kindererziehung überwiegend übernimmt. Für jedes weitere geborene Kind kommen drei weitere Jahre Erziehungszeit dazu. Mehrlingseltern bekommen ebenfalls drei Entgeltpunkte je Kind gutgeschrieben. Hier ist es ebenfalls möglich, die Erziehungszeiten aufzuteilen.

Rentenzuschuss auch bei eigenem Verdienst

Von den Kindererziehungszeiten können Eltern selbst dann profitieren, wenn sie vor Ablauf der drei Jahre wieder arbeiten und damit aus eigener Kraft Punkte für ihr Rentenkonto sammeln und so eigene Rentenansprüche erwerben. Je nach Verdienst kann es allerdings sein, dass sich der staatliche Punktezuschuss dann nur zum Teil zu ihren Gunsten auswirkt. Denn der Rentenversicherer stockt das Punktekonto maximal bis zur sogenannten Beitragsbemessungsgrenze auf.

Wie das Zusammenspiel von selbsterworbenen Rentenansprüchen und Kindererziehungszeiten funktioniert, zeigen die folgenden Beispiele. Wichtige Grundlage für die Rechnung: 2017 liegt die Beitragsbemessungsgrenze bei 76 200 Euro in den alten und 68 400 Euro in den neuen Bundesländern. Wer beispielsweise in den alten Ländern 76 200 Euro oder mehr verdient, kommt für 2017 am Jahresende auf 2,054 Entgeltpunkte für die spätere Rente.

Mehr Entgeltpunkte kann auch eine Mutter durch Kindererziehungszeit plus eigenem Verdienst nicht in einem Jahr sammeln – selbst wenn sie einen hervorragend bezahlten Posten hat:

- **Eine Mutter verdient weniger als das Durchschnittseinkommen:** Eine Frau, die 2016 Mutter geworden ist, arbeitet seit Januar 2017 wieder. Sie verdient in diesem Jahr rund 18 550 Euro brutto. Das ist nach derzeitigem Stand etwa die Hälfte des Durchschnittseinkommens aller Beitragszahler. Sie erwirbt somit durch ihren Job etwa 0,5 Entgeltpunkte für ihr Rentenkonto. In dem Fall profitiert sie voll von den Kindererziehungszeiten, denn ihrem Konto wird für 2017 zusätzlich der eine Entgeltpunkt für Kindererziehung gutgeschrieben. Sie kommt damit für 2017 auf etwa 1,5 Entgeltpunkte.

- **Die Mutter verdient mehr als der Durchschnitt:** Die Frau verdient 42 000 Euro im Jahr und liegt damit etwas über dem Durchschnittseinkommen. Allein aufgrund ihrer eigenen Rentenbeiträge und der ihres Arbeitgebers erzielt sie für 2017 etwa 1,132 Entgeltpunkte. Diesen Wert stockt der Rentenversicherer als Bonus für die Kindererziehung noch auf – allerdings nur so weit, dass sie auf den für das Jahr möglichen Höchstwert von 2,054 Punkte kommt. Sie profitiert somit nur zum Teil vom Punktezuschuss.
- **Die Mutter verdient über der Beitragsbemessungsgrenze:** Die Frau verdient mehr als 76 200 Euro und schafft es somit allein aufgrund ihres Jobs, den Maximalpunktwert für ihr Rentenkonto zu erreichen. Der Rentenversicherer stockt das Konto nicht auf.

Wenn Sie als gut verdienende Mutter frühzeitig in den Job zurückkehren, sollten Sie genau rechnen, ob es Ihnen und Ihrem Partner mehr bringt, wenn er die Kindererziehungszeiten für sein Rentenkonto bekommt. Wenn Sie beide das Kind erziehen, können die entsprechenden Ansprüche auf sein Konto übertragen werden. Das lohnt sich zum Beispiel, wenn auch er wieder arbeitet, aber das niedrigere Einkommen als die Mutter hat. Sie können sich monatsweise entscheiden, wer von Ihnen die Zeiten gutgeschrieben bekommt.

Wer kennt sich aus?

Wer nimmt die Elternzeit? Wie sind die Regelungen bei Zwillingen? Was bringen mir die Berücksichtigungszeiten? Nutzen Sie die Chance und lassen Sie sich einen Termin für eine kostenlose Beratung bei der Deutschen Rentenversicherung geben. Adressen von Beratungsstellen finden Sie im Internet über die Seite www.deutsche-rentenversicherung.de. Termine vereinbaren Sie kostenlos über die Hotline 0 800/1000 4800.

Weiteres Plus im Alter möglich

Ein weiteres Rentenplus für Eltern – wieder im Regelfall für die Mutter – kann die Kinderberücksichtigungszeit bringen. Diese gilt für zehn Jahre nach der Geburt. Es sei denn, in dieser Zeit kommen weitere Kinder auf die Welt. Dann endet die Berücksichtigungszeit zehn Jahre nach der Geburt des jüngsten Kindes.

Die Kinderberücksichtigungszeiten helfen unter anderem, die Voraussetzungen für bestimmte Rentenansprüche zu erfüllen, etwa wenn eine Frau im Alter vorzeitig in Rente gehen will.

Außerdem ist es möglich, dass die Rentenkasse innerhalb der Berücksichtigungszeit die Rentenansprüche der Frau auf-

Papa ist dran
Meist werden die Kindererziehungszeiten dem Rentenkonto der Mutter gutgeschrieben. Das ist aber kein Muss. Sie können auch an den Kindsvater gehen.

stockt. Denn wenn eine Mutter während dieser Zeit berufstätig ist und pro Jahr weniger als das Durchschnittseinkommen aller Beitragszahler verdient, können ihre Rentenansprüche um bis zu 50 Prozent aufgestockt werden. Es gibt jedoch eine Obergrenze: Die Rentenkasse stockt nur so weit auf, dass die Frau auf höchstens einen Entgeltpunkt im Jahr für ihr Rentenkonto kommt.

Achtung Minijobberinnen: Wenn Sie ein Kind haben, bekommen Sie diesen Zuschuss nur, wenn Sie sich nicht von der Rentenversicherungspflicht haben befreien lassen (siehe „Minijob“, ab S. 55).

Frauen, die mindestens zwei Kinder unter zehn Jahren gleichzeitig erziehen, können die Punktegutschrift auch dann erhalten, wenn sie nicht erwerbstätig sind.

→ Mit dem Partner teilen

Es muss nicht immer die Mutter von der Berücksichtigungszeiten profitieren: Auf Antrag ist es möglich, die Zeiten zwischen Mutter und Vater aufzuteilen.

Kleiner Vorteil bei der Pflegeversicherung

Erwerbstätige mit Kind haben letztlich noch einen kleinen weiteren Vorteil bei den Sozialversicherungen: Sie zahlen einen etwas niedrigeren Beitragssatz für die gesetzliche Pflegeversicherung. Während für Kinderlose im Jahr 2017 ein Beitragssatz von 2,8 Prozent gilt, müssen Beitragszahler mit Kind nur 2,55 Prozent aufbringen.

Für die Kinder, die beitragsfrei über ihre Eltern gesetzlich krankenversichert sind, entfällt auch der Beitrag zur gesetzlichen Pflegeversicherung.

Sobald die Kinder in die Kita gehen, fallen sie übrigens auch beitragsfrei unter den Schutz der gesetzlichen Unfallversicherung. Sollten Sie in der Kita oder auf dem direkten Weg dorthin durch einen Unfall verletzt werden, kommt der gesetzliche Versicherer für die Folgen auf.

Zu Hause oder bei Freunden gilt dieser gesetzliche Invaliditätsschutz jedoch nicht. Diese Lücke können Sie als Eltern nur mithilfe einer privaten Versicherung schließen (siehe „Die Kinder absichern“, S. 139).

Erfolgreiche Rückkehr in den Job

Während der Elternzeit haben Sie das Recht, weniger zu arbeiten als vor der Geburt. Vor allem für Mütter ist Teilzeit die häufig gewählte Lösung.

Auch wenn beide Elternteile für bis zu drei Jahre Elternzeit am Stück nehmen können: So lange wollen viele nicht aus dem Berufsleben aussteigen. Oder sie können sich eine derart lange Auszeit gar nicht leisten (siehe „Die Finanzen früh im Blick", S. 17). Somit kehren viele Mütter spätestens nach gut einem Jahr wieder in den Job zurück. Oder im Laufe des zweiten Jahres, sobald sie nach Beginn des neuen Kita-Jahres einen Betreuungsplatz haben.

Wann, wie und wie lange?

Doch nicht nur der Zeitpunkt für die Rückkehr muss geplant werden, sondern auch die Anzahl der Arbeitsstunden. Und dann bleibt die entscheidende Frage: Wie wird der Job unter den geänderten Rahmenbedingungen aussehen?

Als Selbstständiger oder beim Arbeitgeberwechsel können Sie die Entscheidungen, wann und in welchem Umfang es losgehen soll, in die eigene Hand nehmen. Wollen Sie aber zurück zu Ihrem alten Arbeitgeber, sollten Sie einige Regelungen und Vorgaben nicht aus den Augen verlieren.

Sie haben ein Anrecht darauf, dass Ihr Arbeitgeber Ihnen Ihren bisherigen Job oder einen vergleichbaren Job mit der vorherigen Arbeitsstundenzeit übergibt. Doch vor allem viele Mütter können oder wollen das erst einmal gar nicht – anstatt einer früheren Vollzeitstelle starten sie erst einmal in Teilzeit: Etwa zwei Drittel der berufstätigen Mütter arbeiten in Teilzeit.

Manchmal gibt es keine Alternative zur reduzierten Arbeitszeit, etwa für viele Alleinerziehende oder wenn der Arbeitsmarkt keine andere Position bietet. Für viele Mütter ist Teilzeit aber die bewusst gewählte Lösung: Schließlich ist ein Vollzeitjob beider Elternteile schwer vereinbar mit Terminen bei der Ergotherapeutin, mit Kinderturnen oder einfach dem Wunsch, selbst den Nachmittag mit den Kindern zu verbringen.

Viele junge Eltern haben per Gesetz einen Anspruch darauf, nur noch mit verringerter und nicht mit voller Stundenzahl in den Job zurückzukehren. Dieses Recht haben sie, wenn der Arbeitgeber mehr als 15 Beschäftigte hat und sie seit mindestens sechs Monaten dort arbeiten.

Das Recht auf Teilzeit gilt für den bisherigen oder einen gleichwertigen Job.

Wollen junge Eltern Teilzeit arbeiten, müssen sie das spätestens sieben Wochen vor dem gewünschten Termin beim Arbeitgeber anmelden – vorausgesetzt, sie befinden sich noch in der Elternzeit, wenn sie diese innerhalb der ersten drei Jahre nach der Geburt nehmen. Ansonsten gilt eine Frist von dreizehn Wochen. Diese ist auch einzuhalten, wenn Sie einen Teil der Elternzeit erst zwischen dem dritten und dem achten Geburtstag Ihres Kindes nehmen wollen.

Der Arbeitgeber darf die Teilzeit nur verweigern, wenn betriebliche Gründe dagegen sprechen, etwa, weil es nicht möglich ist, die Lücke zu füllen, oder die Teilzeit zu hohe Kosten verursachen würde.

Wenn Sie nur mit einer Teilzeitstelle ins Berufsleben zurückkehren möchten, kann es helfen, wenn Sie Ihrem Chef konstruktive Vorschläge machen, wie die Arbeit umverteilt werden kann. Solche Ideen sind umso wichtiger für Arbeitnehmer, deren Betrieb nicht mehr als 15 Mitarbeiter hat: Hier gilt per Gesetz kein Rechtsanspruch auf Teilzeit.

Wie lange dauert die Teilzeit?

Während der bis zu drei Jahre andauernden Elternzeit haben Sie also häufig die Möglichkeit, mit reduzierter Stundenzahl zu arbeiten. Spannend wird es, wie es nach Ablauf der Elternzeit weitergeht. Dann haben Sie den Anspruch darauf, wieder zu Ihrer früheren Arbeitszeit zurückzukehren. Wollen Sie das noch nicht, müssen Sie wie die anderen Arbeitnehmer hinnehmen, dass es später mit der Vollzeitstelle eventuell nicht ganz einfach ist, denn zumindest derzeit gilt: Außerhalb der Elternzeit können Mütter und Väter per Gesetz Ansprüche auf Teilzeit nur unbefristet geltend machen.

Als Arbeitnehmer haben Sie somit keinen Anspruch darauf, dass der Betrieb Ihnen zusichert, zum Beispiel nach einem weiteren Jahr Teilzeit wieder mehr Stunden arbeiten zu können. Die Vereinbarung einer befristeten Teilzeitstelle ist für den Arbeitgeber immer freiwillig.

Es kann allerdings sein, dass die Regelungen in Tarifverträgen oder Betriebsvereinbarungen davon abweichen und eine befriste-

Wer kennt sich aus?

Ausführliche Antworten auf viele Fragen rund um Teilzeit finden Sie auf der Internetseite des Bundesarbeitsministeriums: www.bmas.de, Suche: „Teilzeitarbeit". Gibt es Schwierigkeiten und Ihr Arbeitgeber verweigert Ihnen die Teilzeitarbeit, holen Sie sich Rat, zum Beispiel beim Betriebsrat Ihres Unternehmens oder bei den Gewerkschaften. Letztlich bliebe noch der Gang zum Rechtsanwalt, um Ihre Möglichkeiten auszuloten.

te Teilzeit ermöglichen. Es gab außerdem in der Bundesregierung Pläne für eine Gesetzesänderung, um ein Recht auf befristete Teilzeitarbeit zu schaffen. Diese Pläne sind allerdings zunächst gescheitert.

→ Genaue Planung zahlt sich aus

Sie wollen Stunden reduzieren oder bei einem neuen Arbeitgeber Teilzeit arbeiten? Informieren Sie sich vor der endgültigen Entscheidung über die Chancen, künftig Stunden aufzustocken. Sprechen Sie mit Ihrem Vorgesetzten und holen Sie sich Unterstützung, etwa beim Betriebsrat.

Teilzeit und ihre finanziellen Folgen

Für das Monatsbudget als Familie macht es natürlich etwas aus, ob Sie mit voller oder mit reduzierter Stundenzahl ins Berufsleben zurückkehren. Auch für die Zukunft hat Ihre Entscheidung Folgen. Denn je nach Dauer der Teilzeitphase kann es zu deutlichen Einbußen bei der Altersrente kommen: Wer heute lange sehr wenig verdient und entsprechend wenig in die Rentenkasse zahlt, wird im Alter wenig Geld zur Verfügung haben.

Beispiel: Katharina ist Durchschnittsverdienerin. Arbeitet sie zehn Jahre lang nur halbtags und verdient sie damit derzeit rund 18 550 Euro brutto im Jahr, verliert sie gegenüber einer Vollzeitbeschäftigten mit Durchschnittseinkommen etwa 150 Euro Monatsrente. Wer fünfzehn Jahre lang nur die Hälfte des Durchschnittseinkommens verdient, sichert sich aus diesen fünfzehn Jahren nach derzeitigem Stand gerade einmal rund 230 Euro Monatsrente.

In den ersten Jahren nach der Geburt eines Kindes profitieren Mütter zwar noch von den Kindererziehungszeiten und den Kinderberücksichtigungszeiten („Zuschuss bei der Rente“, S. 49). Dadurch können sich ihre Rentenansprüche zumindest etwas erhöhen. Statistiken der deutschen Rentenversicherung zeigen jedoch, dass Mütter trotzdem im Vergleich zu Kinderlosen oftmals etwas schlechter abschneiden. Die Einbußen im Alter sind umso größer, je länger Sie in der Teilzeitfalle sitzen. Kommt es dann noch zur Trennung von Ihrem Partner, besteht das Risiko der Altersarmut.

Je nach der Höhe des Verdienstes ist bei den Teilzeitjobs zu unterscheiden:

- **Minijob:** Hier dürfen Sie regelmäßig im Schnitt nicht mehr als 450 Euro im Monat verdienen. Die Entgeltgrenze von 5400 Euro im Jahr dürfen Sie im Normalfall nicht überschreiten. Ihr Arbeitgeber überweist für Sie als Minijobber pauschal Lohnsteuer sowie Beiträge an die Krankenkasse und an die gesetzliche Rentenversicherung. Sie selbst sind verpflichtet, einen kleinen Beitrag an die Rentenversicherung zu zahlen. Doch von dieser Pflicht können Sie sich befreien lassen, sodass es möglich ist, bis zu 450 Euro monatlich zu verdienen, ohne überhaupt einen Cent an Abgaben aus eigener Tasche zu zahlen. Zu empfehlen ist das aber nicht: Sie sollten den Beitragsanteil an die Rentenversicherung zahlen (derzeit maximal 16,65 Euro im Monat), um sich auch auf Dauer sämtliche Leistungen der gesetzlichen Rentenkasse zu sichern. Sonst kann es Ihnen beispielsweise auf Dauer passieren, dass Sie keinen Anspruch mehr auf eine gesetzliche Erwerbsminderungsrente haben.

- **Gleitzone:** Wenn Sie regelmäßig mehr als 450 Euro im Monat verdienen, haben Sie eine sozialversicherungspflichtige Beschäftigung, für die einkommensabhängige Abgaben fällig werden. Solange Sie aber höchstens 850 Euro verdienen, zahlen Sie nur reduzierte Sozialversicherungsbeiträge. Je nach Steuerklasse kann es außerdem sein, dass Ihr Arbeitgeber am Monatsende Lohnsteuer von Ihrem Verdienst abzieht und an das Finanzamt überweist. Diese können Sie sich über die nächste Steuererklärung aber eventuell zurückholen.
- **Verdienst über 850 Euro:** Erst bei einem Verdienst über 850 Euro monatlich werden die vollen Beitragssätze für die einzelnen Zweige der Sozialversicherung fällig. Sie selbst zahlen zum Beispiel 9,35 Prozent Ihres Bruttolohns für die gesetzliche Rentenversicherung (mehr siehe unter „An Sozialabgaben kommen Sie nicht vorbei“, S. 64).

Wenn möglich mehr als Minijob

Wenn Sie nach der Elternzeit die organisatorischen Möglichkeiten und die Chance haben, mit einer Beschäftigung mehr als 450 Euro monatlich zu verdienen, sollten Sie sie nutzen! Damit können Sie sich nicht nur heute mehr leisten, sondern stehen auch in Zukunft besser da. Hintergrund: Wenn Sie ein Jahr lang nur einen Minijob haben, erreichen Sie aus dieser Beschäftigung gerade einmal einen Rentenanspruch von höchstens rund 4,50 Euro im Monat. Zehn Jahre Minijob bringen Ihnen nach derzeitigem Stand im Alter höchstens rund 45 Euro Monatsrente. Und wenn Sie 20 Jahre – das wäre fast die Hälfte Ihres Arbeitslebens – nur einen Minijob ausüben, kommen Sie aus all diesen Jahren lediglich auf einen Rentenanspruch von 90 Euro monatlich.

Zum Vergleich: Ein Durchschnittsverdiener erwirbt in einem Jahr einen Rentenanspruch von rund 30 Euro monatlich, in zehn Jahren rund 300 Euro, in 20 Jahren nach derzeitigem Stand rund 600 Euro.

Wenn Sie heute über 450 Euro im Monat verdienen, müssen Sie zwar selbst Sozialabgaben zahlen, doch dafür bleibt im Alter auch etwas mehr übrig.

Bei Teilzeit das Beste rausholen

Gerade bei reduzierter Arbeitszeit und reduziertem Verdienst ist es umso wichtiger, die Möglichkeiten auszuloten, um finanziell mehr herauszuholen. Ein Wechsel in eine günstigere Krankenkasse kann etwas Entlastung bringen. Andererseits kann es sich lohnen, eine etwas teurere Kasse zu wählen, wenn sie eine Zusatzleistung im Angebot hat, die für Sie und Ihre Familie wertvoll ist, sodass Sie einen etwas höheren Beitrag leicht wieder herausholen können (siehe Grafik „Plus für Familien", S. 131).

Auch steuerlich gibt es einige Möglichkeiten, um zumindest mehr vom Nettogehalt zu haben. Interessant sind ferner geldwerte Vorteile, die der Arbeitgeber anstatt einer Gehaltserhöhung bietet, beispielsweise einen Zuschuss zur Monatskarte, Tankgutscheine oder einen Zuschuss zum Kita-Beitrag. Solche Extras sind zumindest bis zu einem bestimmten Wert steuer- und sozialabgabenfrei. Mehr zu den Grenzen und Möglichkeiten lesen Sie ab S. 78 unter „Geschenk statt Geld".

Wenn die Kinder krank werden

Ob Vollzeit, Teilzeit oder selbstständig: Wird das Kind krank, kann jedes noch so gut durchdachte Konstrukt aus unter den Eltern abgestimmten Arbeitszeiten, Kita-Betreuung oder Tagesmutter und Babysitter schnell ins Wanken geraten: Wird am Sonntagabend der Husten der Kleinen immer heftiger oder zeigt das Fieberthermometer früh morgens 38 Grad Celsius an, geraten berufstätige Eltern ins Rotieren. Denn neben der Sorge ums Kind müssen wichtige Fragen geklärt werden: Wer macht frei? Wer hat die weniger dringenden Termine? Wann wäre ein Besuch beim Kinderarzt möglich?

30 SEKUNDEN FAKTEN

6,6 MILLIONEN

Frauen gingen 2015 einer Teilzeitbeschäftigung nach. Nur 1,6 Millionen Männer arbeiteten in Teilzeit.

46 PROZENT

der Mütter minderjähriger Kinder arbeiteten 2015 in Teilzeit, 24 Prozent Vollzeit, 30 Prozent blieben ganz zu Hause. Von den Vätern arbeiteten mehr als 80 Prozent Vollzeit.

64 PROZENT

der Beschäftigten, die 2015 ausschließlich einer geringfügigen Beschäftigung nachgingen, waren Frauen.

Quelle: Bundesarbeitsagentur, Statistisches Bundesamt

Achtung, Fieber!
Wenn die Kleinen krank werden, muss die Arbeit häufig warten. Eltern haben Anspruch auf eine unbezahlte berufliche Auszeit, um ihr Kind zu betreuen.

Selbst eine einfache fiebrige Erkältung kann zur organisatorischen Herausforderung werden. Viele Mütter wollen wenn möglich selbst bei den kranken Kindern bleiben. Und anderen bleibt gar keine andere Wahl, wenn etwa die Großeltern nicht kurzfristig vorbeikommen können und es auch sonst niemanden gibt, der das kranke Kind betreuen kann.

Die gute Nachricht: Eltern von Kindern, die noch keine zwölf Jahre alt sind, haben Anspruch auf eine unbezahlte Freistellung von der Arbeit – eventuell auch auf bezahlten Sonderurlaub.

Denn laut § 616 im Bürgerlichen Gesetzbuch stehen jedem Arbeitnehmer bis zu fünf Tage Sonderurlaub aufgrund unvermeidbarer und unverschuldeter Gründe zu. Hierzu zählt auch die Erkrankung eines Kindes unter acht Jahren. Allerdings kann dieses Anrecht auf bezahlten Urlaub über den Tarif- oder Arbeitsvertrag ausgeschlossen werden.

In dem Fall, wenn der Arbeitgeber den Lohn also nicht fortzahlt, bleibt Eltern immer noch der Anspruch auf eine unbezahlte Freistellung vom Job. Dieses Recht haben Sie, wenn der Arzt bestätigt, dass jemand zur Betreuung eines erkrankten Kindes der Arbeit fernbleiben muss und wenn es keine andere im Haushalt lebende Person gibt, die das Kind beaufsichtigen kann. Der Arzt muss das Attest ab dem ersten Krankheitstag ausgestellt haben.

Angestellt beschäftigte Eltern, die gesetzlich krankenversichert sind, können von ihrer Krankenkasse Kinderkrankengeld bekommen.

Pro Kind steht jedem Elternteil eine Auszeit von 10 Tagen im Jahr zu, bei mehr als zwei Kindern maximal 25 Tage. Für Alleinerziehende sind es jeweils 20 beziehungsweise höchstens 50 Tage im Jahr.

Als finanziellen Ausgleich für den entgangenen Lohn können angestellt beschäftigte Eltern, die gesetzlich krankenversichert sind, von ihrer Krankenkasse das sogenannte Kinderkrankengeld bekommen. Die

Was bietet der Arbeitgeber? Zumindest in größeren Unternehmen gibt es mittlerweile einige Unterstützung für junge Eltern – etwa Hilfe bei der Suche nach Dienstleistern, die kurzfristig ein krankes Kind betreuen. Gut möglich, dass auch die Kosten für die kurzfristige Betreuung für ein paar Tage übernommen werden. Es schadet nichts, sich frühzeitig einen Überblick über die Angebote des Arbeitgebers zu verschaffen.

Krankenkasse zahlt Lohnersatz, wenn das zu betreuende Kind noch keine zwölf Jahre alt ist und die Eltern der Kasse die notwendige Bescheinigung des Arztes vorlegen.

Auch Selbstständige, die freiwillig gesetzlich krankenversichert sind, können eventuell Kinderkrankengeld bekommen. Ihre Kasse zahlt aber in der Regel nur, wenn die Versicherten gleichfalls bei eigener Erkrankung Anspruch auf Krankengeld hätten. Das ist nicht automatisch der Fall.

Etwas andere Regeln gelten für Beamte. Bundesbeamte dürfen im Jahr bis zu vier Tage Sonderurlaub pro Kind nehmen, wenn es schwer erkrankt und unter zwölf Jahre ist. Diese Regelung gilt auch in einigen Bundesländern, allerdings nicht überall. Landesbeamte sollten sich deshalb nach den für sie geltenden Vorschriften erkundigen.

Wer privat krankenversichert ist, bekommt aber kein Kinderkrankengeld. Ist ein Elternteil gesetzlich versichert, der andere und das Kind privat, hat auch der gesetzlich Versicherte keinen Anspruch auf Kinderkrankengeld, weil das Kind Privatpatient ist.

Wenn es die Eltern erwischt

Und was ist, wenn es Mutter oder Vater trifft – und zwar nicht nur mit einer Erkältung oder Grippe? Dann ist es eventuell nicht mit einer Krankschreibung durch den Arzt und ein paar Tagen zu Hause getan. Wenn beispielsweise die Mutter eines kleinen Kindes nach einem Unfall im Krankenhaus liegt oder schon wieder zu Hause ist, aber ihren Haushalt nicht selbst führen kann, übernimmt die gesetzliche Krankenkasse ihre Ausgaben für eine Haushaltshilfe.

Manchmal ist noch mehr Unterstützung nötig, etwa bei Rückenbeschwerden oder auch psychischen Problemen: Dann bleibt vielen Eltern die Chance, zur Kur zu fahren. Jedes Jahr gehen rund 100 000 Mütter und Väter zur Kur. Mutter-Kind-Kuren, Vater-Kind-Kuren, reine Mütter- oder Väterkuren sind Pflichtleistungen der gesetzlichen Krankenversicherung. Jeder, der dort versichert ist und Kinder erzieht, hat Anspruch auf drei Wochen Kuraufenthalt, wenn die medizinischen Voraussetzungen dafür erfüllt sind. Die Krankenkasse übernimmt die Kosten, die Versicherten zahlen nur einen

Eigenanteil von 10 Euro pro Tag. Die Kinder dürfen mitreisen, wenn sich zu Hause niemand um sie kümmern kann. Privatversicherte müssen mit Ihrem Versicherer klären, ob ein Leistungsanspruch besteht.

→ Arbeitgeber informieren

Hat die Krankenkasse Ihnen die Kur bewilligt, müssen Sie Ihren Arbeitgeber unverzüglich über den Zeitpunkt und die voraussichtliche Dauer informieren. Die Kurtage dürfen nicht auf Ihren Urlaub angerechnet werden. In dieser Zeit fließt Ihr Gehalt weiter.

Wer kennt sich aus?

Informieren Sie sich frühzeitig, welche Sozialabgaben bei einer Selbstständigkeit auf Sie zukommen. Fragen Sie zum Beispiel bei Ihrer Krankenkasse, den zuständigen Kammern oder bei Berufsverbänden nach. Wichtige Tipps für den Sprung in die Selbstständigkeit gibt es außerdem im „Handbuch Existenzgründung", www.test.de/shop. Das Bundeswirtschaftsministerium hat ein Info-Portal eingerichtet: www.existenzgruenderinnen.de

Selbstständig durchstarten

Dienstreisen, lange Arbeitstage, Führungsverantwortung: Wenn sich der alte Job nicht wie gewünscht mit dem Familienleben vereinbaren lässt, bleibt manchen Müttern nach der Elternzeit der Gang in die berufliche Selbstständigkeit, wenn sie wieder eigenes Geld verdienen wollen.

Trotz aller Herausforderungen, die mit der Existenzgründung verbunden sind: Es hat einige organisatorische Vorteile, als Mutter sein eigener Chef zu sein. Vor allem die meist größere zeitliche Flexibilität zahlt sich aus, zum Beispiel wenn das Kind krank wird oder der Osteopath nur noch gegen Mittag einen Termin frei hat.

Dennoch sollte der Sprung in die Selbstständigkeit gut geplant werden. Klären Sie, ob sich der Schritt auch finanziell lohnt – gerade wenn einige Investitionen und entsprechende Kredite notwendig sind.

Planen Sie mit ein, dass enorme Sozialabgaben auf Sie zukommen können: Vor allem die Beiträge zur gesetzlichen Krankenversicherung können zu einer enormen Belastung werden. Das liegt daran, dass selbst bei niedrigem Einkommen ein bestimmter Mindestbeitrag verlangt wird. Dieser wird anhand eines fiktiven Einkommens berechnet, das im Jahr 2017 bei monatlich 2 231,25 Euro liegt: Selbst wenn Sie als selbstständige Übersetzerin in Teilzeit zum Beispiel jeden Monat nur 800 Euro Einkommen haben, zahlen Sie Ihren Kassenbeitrag so, als hätten Sie über 2 200 Euro verdient. Und diesen Beitrag zahlen sie allein, denn es gibt ja keinen Arbeitgeber, der einen Teil übernimmt. Wenn also beispielsweise die eigene Krankenkasse einen Beitrag von 15,7 Prozent verlangt, zahlen Sie auch bei einem Einkommen weit unter 2 230 Euro über 330 Euro Beitrag – und das ohne den Anspruch auf Krankengeld. Nur unter bestimmten finanziellen Bedingungen und nach genauer Prüfung Ihrer Finanzen kann die Kasse einem Antrag auf Beitragsentlastung zustimmen, sodass sich Ihr Beitrag eventuell reduziert.

Dazu kommen auf jeden Fall die Beiträge zur gesetzlichen Pflegeversicherung, je nach Beruf eventuell auch zur Rentenversicherung. So müssen zum Beispiel viele Handwerker und freiberufliche Lehrer Pflichtbeiträge an die Rentenkasse zahlen. Freiberufliche Journalisten, Musiker, Schauspieler und andere sind über die Künstlersozialkasse verpflichtet, auch Rentenbeiträge zu zahlen.

Zeit für Weiterbildung

Wer die berufliche Auszeit fürs Kind nutzen will, um sich weiterzubilden, sollte wissen, dass es für berufliche Fortbildungen diverse Fördermittel von Bund und Ländern gibt.

Erkundigen Sie sich zum Beispiel bei der Arbeitsagentur, unter welchen Voraussetzungen sie einen Bildungsgutschein für eine Weiterbildung ausstellt. Zusätzlich hat der Bund vor einigen Jahren das Projekt „Bildungsprämie“ ins Leben gerufen. Arbeitnehmer und Selbstständige mit einem eher geringen Einkommen können einen Prämiengutschein von bis zu 500 Euro für die Teilnahme an einem Kurs oder Lehrgang erhalten. Das Angebot richtet sich auch an Arbeitnehmer im Mutterschutz. Der Gutschein deckt die Hälfte der Kurskosten, maximal 500 Euro, ab. Den Rest müssen die Teilnehmer selbst zahlen.

In mehreren Bundesländern gibt es weitere Fördermittel.

Auch steuerlich machen sich Ausgaben für eine Weiterbildung bezahlt, denn Sie können sie beim Finanzamt als Bildungskosten abrechnen, selbst wenn Sie in der Zeit kein eigenes Einkommen haben.

Wenn Ihre Ausgaben für die Weiterbildung höher sind als die Einnahmen, die Sie im selben Jahr durch Ihren Job haben, wird das Finanzamt einen steuerlichen Verlust feststellen. Wenn Sie verheiratet sind und mit Ihrem Partner eine gemeinsame Steuererklärung abgeben, wird es Ihren Verlust mit den Einkünften Ihres Partners verrechnen. Gibt es nichts zum Verrechnen, wird das Finanzamt den Verlust feststellen und in die kommenden Jahre vortragen – solange, bis Sie oder Ihr Partner wieder Einkünfte zum Verrechnen haben und dann mithilfe der Bildungskosten Steuern sparen können.

→ Fördermittel im Überblick

Die Stiftung Warentest hat in einem „Leitfaden Weiterbildung finanzieren“ die wichtigsten Fördermittel zusammengefasst. Sie können ihn kostenfrei unter www.test.de herunterladen.

Abgaben und Steuern im Griff

Gegenüber dem Finanzamt ist der Trauschein besonders wertvoll. Aber auch wenn Sie nicht verheiratet sind, haben Sie einige Spielräume. Entweder Sie sichern sich gleich mehr Nettogehalt oder holen sich spätestens mit der Steuererklärung einiges zurück.

Gegen mehr Netto am Monatsende hat wohl niemand etwas. Doch gerade für Familien, die zumindest vorübergehend mit einem oder anderthalb Gehältern auskommen müssen, ist es besonders hilfreich, wenn möglichst viel auf dem Konto landet. An den Sozialabgaben können Sie zwar nur wenig drehen, doch bei der Lohnsteuer haben Sie Chancen: Mit den richtigen Schritten können Sie ohne Gehaltserhöhung dafür sorgen, dass Ihnen netto mehr bleibt, weil Ihnen weniger Lohnsteuer abgezogen wird. Damit haben Sie sofort jeden Monat mehr Geld im Portemonnaie und müssen nicht bis zur nächsten Steuererklärung auf eine Rückzahlung vom Finanzamt warten.

Die Jahresabrechnung mit dem Finanzamt bietet dann weitere Möglichkeiten für Sie als Eltern, die Steuerbelastung zu senken. Dabei helfen zum Beispiel Ihre Ausgaben für Kita oder Tagesmutter oder für einen Umzug in eine größere Familienwohnung. Die wichtigsten Steuersenker stellen wir Ihnen ab S. 80 vor.

An Sozialabgaben kommen Sie nicht vorbei

Vor allem die Beiträge zur Kranken- und Rentenversicherung zehren am Familienbudget. Mit einer günstigen Krankenkasse können Sie zumindest ein bisschen sparen.

An den Gehaltsabzügen für die gesetzliche Sozialversicherung können Arbeitnehmer mit oder ohne Kind wenig ändern. Es gelten feste Beitragssätze: Wenn das Bruttoeinkommen über 850 Euro im Monat liegt, fließen 9,35 Prozent davon an die gesetzlichen Rentenversicherung, 1,5 Prozent an die Arbeitslosenversicherung. Sind Eltern gesetzlich kranken- und pflegeversichert, zahlen sie 2,55 Prozent Beitragssatz an die Pflegeversicherung.

Nur am Beitrag für die Krankenkasse können Sie etwas drehen. Denn die Kassen verlangen zusätzlich zum allgemeinen Beitragssatz von 14,6 Prozent – diesen teilen sich Arbeitgeber und Arbeitnehmer – unterschiedlich hohe Zusatzbeiträge. Diesen Zusatzbeitrag zahlt der Angestellte allein:

Beispiel: Karsten ist Vater der einjährigen Lea und verdient 3 200 Euro brutto im Monat. Seine gesetzliche Krankenkasse verlangt einen Zusatzbeitrag von 1,1 Prozent. Sie liegt damit etwa im Mittelfeld. Kann er in eine der derzeit günstigsten Kasse wechseln, die nur einen Zusatzbeitrag von 0,3 Prozent verlangen, spart er bei seinem Bruttogehalt monatlich 25,60 Euro ein. Aber: Die derzeit günstigsten Kassen (AOK Sachsen-Anhalt und Metzinger BKK) stehen nur Bewohnern einzelner Bundesländer offen.

Wechselt er in eine andere Kasse, die beispielsweise 0,8 Prozent Zusatzbeitrag verlangt, spart er nur 9,60 Euro im Monat.

Zugegeben: Auf den ersten Blick erscheint selbst eine Ersparnis von ein paar Euro besser als nichts. Doch gerade für Familien lohnt es sich, dass sie nicht nur auf den Beitragssatz achten, sondern sich bei der Auswahl „ihrer" Kasse auch die Leistungen genau ansehen. Je nach persönlichen Wünschen lässt sich hier mit einer leistungsstärkeren Kasse ein etwas höherer Monatsbeitrag leicht ausgleichen. Ist es Ihnen zum Beispiel wichtig, dass Sie mit Ihrem Baby auf Kosten Ihrer Kasse zu einem Osteopathen gehen können, etwa um Darmkoliken zu lindern? Übernimmt die teurere Kasse mehr Ausgaben als eine günstigere, haben Sie den Unterschied beim monatlichen Beitrag vielleicht schnell wieder raus. Mehr zu den Extraleistungen unter „Kassenpatienten können einfacher wechseln", S. 130.

→ Privatpatienten

Sind Eltern nicht gesetzlich, sondern privat krankenversichert, zahlen sie für ihre eigene Kranken- und Pflegeversicherung einen Beitrag unabhängig vom Einkommen. Der Beitrag richtet sich nach dem, was sie mit dem Versicherer an Leistungen vereinbart haben. Mehr Tipps für Privatpatienten lesen Sie ab S. 129.

Bei niedrigerem Verdienst niedrigere Sätze

Die zuvor genannten Beitragssätze für die gesetzliche Sozialversicherung gelten für alle, die jeden Monat mehr als 850 Euro brutto verdienen. Etwas weniger zahlen Sie, wenn Sie einen Bruttoverdienst über 450 Euro bis 850 Euro monatlich haben. In dieser sogenannten Gleitzone gelten reduzierte Beitragssätze. Wenn Sie zum Beispiel 650 Euro brutto verdienen, zahlen Sie für die Rentenversicherung rund 50 Euro Monatsbeitrag. Das entspricht einem Beitrag von knapp 7,7 Prozent des Verdienstes.

Noch weniger müssen Sie zahlen, wenn Sie in einem Minijob im Durchschnitt nicht mehr als 450 Euro monatlich verdienen und aufs Jahr gesehen die Verdienstgrenze von 5400 Euro nicht überschreiten. So ein Minijob mag nach der Geburt eines Kindes für den Wiedereinstieg als gute Lösung erscheinen: Häufig kümmert sich der Arbeitgeber darum, dass der Verdienst pauschal mit 2 Prozent versteuert wird. Und er überweist 13 Prozent für den Krankenversicherungsschutz sowie 15 Prozent für die Rentenversicherung. Bei einem Minijob in einem Privathaushalt sind es sogar nur 5 Prozent Rentenbeitrag für den Arbeitgeber.

Der Jobber selbst ist nur verpflichtet, einen Restanteil an Rentenversicherungsbeiträgen an die Rentenkasse zu überweisen – zum Beispiel 3,7 Prozent, wenn er einen Minijob in einem Betrieb hat. Bei einem Monatsverdienst von 450 Euro wären das 16,65 Euro. Und selbst von dieser Zahlung könnte sich der Jobber mit einem Antrag an die Minijobzentrale befreien lassen.

Das klingt attraktiv: Die bis zu 450 Euro brutto landen auch komplett auf dem Konto. Doch Vorsicht, so attraktiv ist das nicht, schon gar nicht auf Dauer.

Wer kennt sich aus?

Sie wollen wissen, wie viel Geld Ihnen je nach Verdienst netto bleibt? Sprechen Sie Ihren Arbeitgeber an und lassen sich den Nettoverdienst ausrechnen. Oder Sie fragen bei Ihrer Krankenkasse nach oder sehen sich selbst auf deren Internetseite um: Viele Krankenkassen bieten Gehaltsrechner an, mit deren Hilfe Sie Ihre Abzüge ermitteln können.

Zum einen gilt: Wenn Sie lange Zeit wenig verdienen und dementsprechend wenig Beiträge in die Rentenkasse einzahlen, haben Sie im Alter niedrigere Rentenansprüche. Entsprechende Beispiele finden Sie im Kapitel „Teilzeit und ihre finanziellen Folgen“ ab S. 55.

Zum anderen sollten Sie, wenn Sie einen Minijob haben, zumindest den Eigenanteil an die Rentenkasse zahlen. Nur so sichern Sie sich auf Dauer sämtliche Leistungen aus der gesetzlichen Rentenversicherung, zum Beispiel den Anspruch auf eine Erwerbsminderungsrente.

Keine Angst vor dem Finanzamt

Die größte Steuerersparnis bringen Eltern nicht die Kinder, sondern die Hochzeit. Aber auch ohne Trauschein gibt es einige Vorteile dank Nachwuchs.

Schon kurz nach der Geburt wird Ihr Kind zum Steuerbürger: Es erhält die Steueridentifikationsnummer, die Ihnen per Post zugesandt wird. Diese Nummer können Sie gleich einsetzen, denn Sie benötigen sie, um das Kindergeld zu beantragen. Kindergeld steht Ihnen ab dem Monat der Geburt des Sprösslings zu. Der Anspruch gilt bis zum 18. Geburtstag Ihres Kindes oder noch länger, solange Ihr Sohn oder Ihre Tochter noch in Ausbildung ist.

2017 erhalten Sie für das erste und zweite Kind 192 Euro im Monat, für das dritte Kind 198 Euro und ab dem vierten Kind 223 Euro im Monat. Ab 2018 gibt's noch einmal jeweils 2 Euro obendrauf.

Den Antrag stellen Sie bei der zuständigen Familienkasse an Ihrem Wohnort, die bei der Arbeitsagentur angesiedelt ist. Als Beamter oder Beschäftigter im öffentlichen Dienst ist in der Regel die Familienkasse Ihres Arbeitgebers oder Ihrer Dienstbehörde zuständig. Die Antragsformulare erhalten Sie bei der Familienkasse, oder Sie finden Sie im Internet unter www.arbeitsagentur.de: Hier wählen Sie die Rubrik „Familie und Kinder“.

Bei der Familienkasse können Sie auch den Kinderzuschlag von 170 Euro pro Kind und Monat beantragen. Diesen gibt es für einkommensschwache Familien, die aber ein Mindesteinkommen haben und einen bestimmten Höchstbetrag nicht überschreiten. Lebt zum Beispiel ein Ehepaar mit seinen zwei Kindern zusammen und zahlt 600 Euro Miete im Monat, kann das Paar den Zuschlag bekommen, wenn es ein Bruttoeinkommen zwischen 900 und rund 1 500 Euro im Monat hat.

Mehr Informationen zu dieser Leistung können Sie im Internet oder über die kostenlose Hotline 0 800/4 5555 30 erhalten. Wenn Sie schon eine Kindergeldnummer haben, halten Sie diese beim Anruf bereit,

Kindergeld oder Kinderfreibeträge

Eltern mit Anspruch auf Kindergeld können auch von diversen Steuerfreibeträgen profitieren – dem Kinderfreibetrag und dem Betreuungsfreibetrag. Für das Jahr 2017 beträgt der Kinderfreibetrag 4 716 Euro pro Kind. Der Betreuungsfreibetrag liegt bei 2 640 Euro pro Jahr und Kind. Beide Beträge sorgen dafür, dass von Ihren Einnahmen etwas weniger steuerpflichtig ist, sodass die Steuerforderung niedriger ausfällt.

→ Freibeträge hoch genug?

Das Bundesverfassungsgericht ist gefragt: Es muss klären, ob die Kinderfreibeträge generell zu niedrig sind (BVerfG, Az. 2 BvL 3/17).

Der Haken für Eltern: Sie bekommen entweder Kindergeld, oder Sie profitieren von den Steuerfreibeträgen, beides zusammen geht nicht. Was Sie bekommen, steht endgültig erst mit der Steuererklärung fest. Hier ermittelt das Finanzamt automatisch, was für Sie günstiger ist. Das hängt vom Familienstand, von Ihrem Einkommen und der Zahl der Kinder ab.

Hatte zum Beispiel ein Ehepaar mit zwei Kindern 2016 ein zu versteuerndes Einkommen von 60 000 Euro, bekommt es nur das Kindergeld – die Steuerfreibeträge wirken sich für das Paar nicht aus. Erst wenn ihr zu versteuerndes Einkommen über 67 800 Euro liegen würde, könnte es aufgrund der Kinder- und Betreuungsfreibeträge tatsächlich Steuern sparen Das Finanzamt hätte den Steuervorteil von sich aus ermittelt und von diesem Wert das im Laufe des Jahres ausgezahlte Kindergeld abgezogen. Nur vom Rest hätte das Paar dann noch zusätzlich profitiert.

Kindergeld und Kinderfreibeträge können nicht nur die leiblichen oder Adoptiveltern bekommen, sondern auch Pflegeeltern. Und selbst bei Groß- und Stiefeltern ist das möglich, zum Beispiel wenn das Kind mit in ihrem Haushalt lebt oder sie gegenüber dem Kind unterhaltspflichtig sind.

Halbe Freibeträge

Dauernd getrennt lebende Eltern und Nichtverheiratete erhalten automatisch halbe Freibeträge. Wenn Sie alleinerziehend sind, ist es aber möglich, dass Sie sich die jeweils andere Hälfte des Kinderfreibetrags und des Betreuungsfreibetrags vom anderen Elternteil übertragen lassen. Das bean-

Was ist günstiger?
Erst nach der Steuererklärung steht fest, ob Eltern nur vom Kindergeld profitieren oder zusätzlich von den Steuerfreibeträgen fürs Kind.

tragen Sie beim Finanzamt – entweder schon im Laufe des Jahres mit dem „Antrag auf Lohnsteuerermäßigung" oder spätestens mit der Steuererklärung.

Es lohnt nicht immer, sich die halben Freibeträge übertragen zu lassen.

Den vollen Betreuungsfreibetrag bekommen Sie, wenn Ihr minderjähriges Kind bei Ihnen lebt und nicht beim anderen Elternteil gemeldet ist. Dieser kann der Übertragung widersprechen, wenn er das Kind regelmäßig betreut oder Betreuungskosten übernimmt. Der volle Kinderfreibetrag ist drin, wenn Sie Ihre Unterhaltspflicht voll erfüllen, während der andere weniger als 75 Prozent leistet, mangels Einkommen nichts zahlen muss oder im Ausland lebt.

Es klingt zunächst verlockend, die halben Freibeträge übertragen zu bekommen: Mehr Freibetrag – also auch mehr Steuerersparnis, oder nicht?

Ganz so einfach ist es leider nicht, die Übertragung der Freibeträge lohnt nicht immer. Bei niedrigem Einkommen ist es oft günstiger, wenn Sie nur den halben Betreuungsfreibetrag vom anderen Elternteil übernehmen, den halben Kinderfreibetrag aber nicht.

Das hängt mit dem ausgezahlten Kindergeld zusammen und damit, wie es auf den Kinderfreibetrag angerechnet wird. Wenn Sie als Alleinerziehende nur Ihren halben Kinderfreibetrag haben und nicht den des Expartners, rechnet das Finanzamt auch nur die Hälfte des ausgezahlten Kindergeldes gegen und nicht die volle Summe, wenn es den möglichen Steuervorteil ermittelt. Die Folge: Sie haben schon bei niedrigerem Einkommen eine Steuerersparnis, wie dieses Beispiel zeigt:

Eine Mutter mit einem Kind macht noch ihre Steuererklärung für 2016. Hat sie den vollen Betreuungsfreibetrag und den halben Kinderfreibetrag, spart sie für 2016 ab einem Einkommen von 16 175 Euro Steuern, beim vollen Kinderfreibetrag erst ab 33 900 Euro.

Mehr Möglichkeiten zum Sparen

Als Eltern stehen Ihnen unter bestimmten Umständen weitere Steuervorteile zu, etwa wenn Ihr Kind eine körperliche oder geistige Behinderung hat. Dann sind von Ihrem Einkommen neben den übrigen Steuerfreibeträgen auf jeden Fall weitere 924 Euro im Jahr steuerfrei.

Bewahren Sie zudem sämtliche Belege über Ihre Ausgaben für die medizinische Versorgung auf – zum Beispiel Ausgaben für Medikamente, Spezialbehandlungen, technische und pflegerische Hilfsmittel. Sie können Ihnen als außergewöhnliche Belastung noch einen zusätzlichen Steuervorteil bringen. Voraussetzung ist, dass die Behandlung oder Arznei medizinisch notwendig und die Kosten angemessen waren. Im Normalfall reicht dem Finanzamt als Nachweis eine Verordnung von Ihrem Arzt oder Heilpraktiker.

Außerdem sind die Fahrtkosten mit öffentlichen Verkehrsmitteln zum Arzt, ins Krankenhaus, zur Heilbehandlung oder Selbsthilfegruppe absetzbar. Autofahrer rechnen pro gefahrenem Kilometer 30 Cent ab. Nur Kranke ohne Auto, für die öffentliche Verkehrsmittel nicht zumutbar sind, setzen Taxikosten ab.

Mit diesen Ausgaben sparen Sie allerdings erst Steuern, wenn sie eine bestimmte Grenze, die „zumutbare Belastung", überschreiten.

Ab wann eine finanzielle Belastung nicht mehr zumutbar, sondern als „außergewöhnliche Belastung" eingestuft wird, hängt vom Einkommen und der familiären Situation ab. Bisher galt immer: Hatte ein Elternpaar mit einem oder zwei Kindern beispielsweise steuerpflichtige Einkünfte von 50 000 Euro im Jahr, sparte es erst mit medizinischen Ausgaben von mehr als 1 500 Euro tatsächlich Steuern (3 Prozent von 50 000 Euro). Anfang 2017 hat der Bundesfinanzhof aber ein Urteil zu den außergewöhnlichen Belastungen gefällt, durch das Steuerpflichtige mehr Gesundheitskosten geltend machen können.

Denn es hat nun den Wert der zumutbaren Belastung anders berechnet: Für Einkünfte bis 15 340 Euro werden 2 Prozent davon angesetzt, nur für die Einkünfte darüber bis maximal 51 130 Euro sind es 3 Prozent. So kommt unsere Beispielfamilie mit zwei Kindern auf eine neue, niedrigere zumutbare Belastung und kann früher Steuern sparen:

2 % der Einkünfte bis 1 5340 Euro	306,80 Euro
3 % der Einkünfte ab 1 5340 Euro bis 50 000 Euro	1 039,80 Euro
Zumutbare Belastung insgesamt	**1 346,60 Euro**

Großes Plus: Splittingtarif

Eine andere finanzielle Förderung für Familien hat allerdings nichts mit den Kindern zu tun: Besonders viel Steuern sparen Paare – mit oder ohne Kind –, wenn sie verheiratet sind. Verheiratete Eltern haben wie kinder-

Ja, wir wollen ...
heiraten und Steuern sparen. Denn viele Paare müssen nach der Hochzeit deutlich weniger Einkommensteuer zahlen – egal, ob sie Kinder haben oder nicht.

lose Ehepaare und eingetragene Lebenspartner Anspruch auf das Ehegattensplitting. Durch den günstigen Splittingtarif können viele Paare eine Menge Einkommenssteuer sparen.

Hintergrund: Wenn verheiratete Eltern eine gemeinsame Steuererklärung einreichen, ermittelt das Finanzamt nicht für jeden einzeln die Steuern, sondern addiert erst die Einkommen beider Partner. Das Ergebnis teilt es durch zwei und ermittelt die dafür fälligen Steuern. Diesen Wert verdoppelt es dann. Häufig ist dieses Splittingverfahren günstiger, als wenn beide Partner ihre Steuern einzeln erklären. Je weiter die Einkommen der beiden auseinanderliegen, desto größer der Vorteil:

Beispiel: Jana arbeitet Teilzeit und kommt auf ein zu versteuerndes Jahreseinkommen von 14 000 Euro. Ihr Mann Lars arbeitet Vollzeit und erreicht 50 000 Euro. Ohne Trauschein müsste Jana für 2017 knapp 1 000 Euro Steuern und Solidaritätszuschlag zahlen, Lars rund 13 250 Euro. Insgesamt ergäben sich also Zahlungen von rund 14 250 Euro an das Finanzamt. Als Ehepaar zahlen sie nur rund 12 770 Euro. Jana und Lars sparen also dank Trauschein rund 1 480 Euro Einkommensteuer.

Selbst wenn ein Paar erst Silvester heiratet, kann es diesen Splitting-Vorteil noch rückwirkend über die Steuererklärung für das laufende Jahr mitnehmen.

Vom Splittingtarif können Paare schon direkt mit der nächsten Gehaltsabrechnung profitieren, wenn Sie die Steuerklassen ändern (siehe „Steuerklassenwechsel für Ehepaare", S. 72). Ansonsten gilt: Spätestens mit der nächsten Steuererklärung belohnt das Finanzamt die Hochzeit, wenn die Partner das erste Mal gemeinsam abrechnen – die „gemeinsame Veranlagung" wählen.

Doch tatsächlich ist die gemeinsame Steuererklärung für Ehepaare und eingetragene Lebenspartner nicht immer die günstigste Lösung. Gerade wenn Lohnersatzleistungen wie Elterngeld geflossen sind, kann es sich lohnen, in der Steuererklärung ausdrücklich getrennte Wege zu gehen und jeweils einzeln die Steuern zu erklären. Wann und wie sich das auszahlen kann, erfahren Sie unter „Gemeinsam oder allein" ab S. 83.

Steuern sparen im Alltag

Jeden Monat mehr netto, und das ohne Gehaltserhöhung? Das geht, zum Beispiel mit zusätzlichen Steuerfreibeträgen und einer günstigen Steuerklasse.

Von den finanziellen Vorteilen fürs Kind können Sie jeden Monat profitieren: Das Kindergeld kommt regelmäßig aufs Konto. Die Kinderfreibeträge werden monatlich mit berücksichtigt, wenn der Arbeitgeber ermittelt, wie viel Lohnsteuer er vom Gehalt abzieht. Doch häufig geht noch mehr, um die monatlichen Steuerabzüge vom Gehalt zu begrenzen – entweder durch einen (vorübergehenden) Steuerklassenwechsel oder durch zusätzliche Freibeträge in den Lohnsteuerdaten, zum Beispiel mit einem Freibetrag für Arbeitsweg, Kita-Beitrag oder bezahlte Handwerkerrechnungen.

Mit Freibeträgen sofort mehr Geld

Um nachvollziehen zu können, was zusätzliche Freibeträge bringen, stellen wir kurz vor, was bei Ihrer Lohnabrechnung passiert:

Ihr Arbeitgeber ermittelt anhand der „Elektronischen Lohnsteuerabzugsmerkmale" (ELStAM), wie viel Lohnsteuer er von Ihrem Gehalt abziehen und ans Finanzamt überweisen muss. Diese ELStAM-Daten sind beim Bundeszentralamt für Steuern gespeichert. Dort ist unter anderem die Steuerklasse registriert sowie Informationen darüber, ob der Mitarbeiter Kinder hat oder einer Kirche angehört. Mit diesem Wissen zieht der Arbeitgeber je nach Steuerklasse automatisch einige Freibeträge und Pauschalen von Ihrem Bruttogehalt ab, wenn er die Lohnsteuer ermittelt. Abgezogen werden zum Beispiel 8820 Euro Grundfreibetrag sowie Pauschalbeträge für Werbungskosten und Sonderausgaben.

Dabei muss es aber nicht bleiben: Wenn Sie sich weitere Freibeträge in Ihre Steuerdaten (ELStAM) eintragen lassen, bleibt ein noch größerer Anteil Ihres Bruttolohns steuerfrei. Sie bekommen solche zusätzlichen Freibeträge für Ausgaben, die Sie sonst erst in der nächsten Steuererklärung beim Finanzamt abrechnen würden. Der Clou: Dank der Freibeträge müssen Sie nicht auf eine Steuerrückzahlung vom Finanzamt warten, sondern Sie sparen schon bei jeder Gehaltsabrechnung die jeweiligen Steuern ein und bekommen so gleich mehr aufs Konto.

Für einige Posten wie Handwerkerrechnungen ist ein Freibetrag ab dem ersten Euro möglich. Die meisten Freibeträge trägt das Finanzamt allerdings erst in die Steuerdaten ein, wenn Ihre Kosten höher als 600 Euro im Jahr sind.

Beispiel: Jonas ist Ende 2016 Vater von Zwillingen geworden. Für seine Fahrten zur Arbeit rechnet er jedes Jahr in der Steuererklärung 3 500 Euro als Werbungskosten beim Finanzamt ab. Das bringt ihm immer eine ansehnliche Steuererstattung.

Doch so lange kann und will er nicht weiter auf sein Geld warten. Anfang 2017 hat er deshalb beim Finanzamt einen „Antrag auf Lohnsteuerermäßigung" gestellt. Das Finanzamt hat ihm daraufhin einen zusätzlichen Freibetrag von 2 500 Euro für den Arbeitsweg in seine Lohnsteuerdaten eingetragen. Es sind deshalb 2 500 und nicht 3 500 Euro, weil der Arbeitgeber automatisch eine Werbungskostenpauschale von 1 000 Euro beim Steuerabzug berücksichtigt. Nur für die restlichen Ausgaben für den Arbeitsweg hat Jonas den zusätzlichen Freibetrag bekommen.

Diesen hat sich Jonas gleich Anfang Januar 2017 eintragen lassen, sodass von seinem Bruttolohn jeden Monat zusätzlich zu allen automatischen Abzügen gut 208 Euro steuerfrei bleiben (1/12 von 2 500 Euro). Hat er 4 400 Euro Bruttolohn im Monat, bringt ihm dieser Extrafreibetrag monatlich immerhin rund 80 Euro mehr netto als vorher.

Steuerklassenwechsel für Ehepaare

Die zweite Möglichkeit, sich jeden Monat mehr Netto zu sichern, ist der Wechsel der Steuerklasse. Allerdings ist Elternpaaren ohne Trauschein diese Möglichkeit verwehrt. Generell steht der Klassenwechsel nur Ehepaaren/eingetragenen Lebenspartnern sowie Alleinerziehenden offen.

Der Effekt: Je nach Steuerklasse berücksichtigt der Arbeitgeber unterschiedlich hohe Steuerfreibeträge, wenn er am Monatsende ermittelt, wie viel Lohnsteuer er dem Beschäftigten vom Bruttolohn abziehen muss. Je nach Steuerklassenkombination können die Paare dafür sorgen, dass er zumindest erst einmal insgesamt eher wenig Lohnsteuer abzieht.

Allerdings ergibt sich aus dieser Rechnung nur eine mehr oder weniger grobe Vorauszahlung – endgültig abgerechnet wird

Den „Antrag auf Lohnsteuer-Ermäßigung 2017" können Sie für das laufende Jahr bis zum 30. November beim Finanzamt stellen. Die Freibeträge werden dann – je nach Datum der Eintragung – auf die verbleibenden Monate bis Jahresende umgelegt. Den Antrag finden Sie im Internet unter www.Formulare-bfinv.de: Hier wählen Sie Formularcenter, Steuerformulare und dann den Ordner „Lohnsteuer".

Wer kennt sich aus?

Welche Steuerklassen kommen für uns infrage? Um die Wahl zu erleichtern, hat das Bundesfinanzministerium ein Merkblatt mit den wichtigsten Informationen und Beispielrechnungen zusammengestellt (BMF-Schreiben vom 18.11.2016, „Steuerklassenwahl"). Ihre Abzüge je nach Steuerklasse können Sie ermitteln unter www.abgabenrechner.de.

erst mit der Steuererklärung. Paare müssen deshalb keine Angst haben: Wenn Sie nicht die günstigste Kombination wählen, verschenken Sie noch kein Geld an das Finanzamt. Sie geben dem Staat allerdings einen zinslosen Kredit – denn die Zeit bis zur nächsten Steuererklärung und bis Sie endlich Ihr zu viel gezahltes Geld zurückbekommen, kann lang werden.

Die richtige Kombination

Mit dem Trauschein in der Tasche ergeben sich für Eltern neue Gestaltungsmöglichkeiten, die Singles und unverheiratete Paare nicht haben.

Denn für Alleinstehende und Unverheiratete ist klar: Ihr Gehalt wird nach Steuerklasse I versteuert. Für Alleinerziehende gibt es die besondere Steuerklasse II, in der ein zusätzlicher Steuerfreibetrag – der „Entlastungsbetrag für Alleinerziehende" – berücksichtigt wird.

Mit der Hochzeit ändert sich automatisch die Steuerklasse: Nach der Trauung rutschen beide Partner aus Steuerklasse I für Alleinstehende oder Klasse II für Alleinerziehende in Steuerklasse IV. Dabei können sie es – mit oder ohne Kind – belassen. Das bedeutet für die Gehaltsabrechnungen: Ihre Arbeitgeber berücksichtigen für jeden von ihnen mehrere Steuerfreibeträge sowie den Kinder- und Betreuungsfreibetrag jeweils zur Hälfte.

Auch mit dieser Kombination profitieren Ehepaare natürlich vom Ehegattensplitting, aber eben noch nicht bei der monatlichen Gehaltsabrechnung. Im Gegenteil: Sie werden im Regelfall jeden Monat eher etwas zu viel Lohnsteuer zahlen – das monatliche Nettogehalt ist also niedriger als es sein müsste. Die zu viel gezahlten Steuern bringt dann erst die Steuererklärung zurück.

Pflicht wäre die Abrechnung beim Finanzamt allein aufgrund der Steuerklassenkombination zwar nicht, doch um kein Geld zu verschenken, sollten die Paare sie auf jeden Fall machen. Ist im jeweiligen Jahr Elterngeld geflossen, ist die Steuererklärung für das Jahr auch bei Steuerklasse IV ohnehin Pflicht.

III/V bringt meist direkt mehr Geld

Wollen die Paare also nicht bis zur Steuererklärung auf ihr Geld warten, bringt es häufig etwas, wenn der besser verdienende Partner

Von Anfang an
Wollen Paare sich möglichst viel Elterngeld sichern, müssen sie sich ranhalten: Wechseln sie zu spät die Steuerklasse, bringt ihnen das nicht mehr Elterngeld.

(oder der „Alleinverdiener") in Steuerklasse III und der Partner mit weniger Einkommen in Klasse V wechselt. Dazu stellen Sie beim Finanzamt den „Antrag auf Steuerklassenwechsel bei Ehegatten/Lebenspartnern". Sie finden ein Formular dafur unter www.Formulare-bfinv.de im „Formularcenter", unter „Steuerformulare" und dann „Lohnsteuer". Der Wechsel ist in der Regel einmal pro Jahr möglich, letztmalig zum 30. November des laufenden Jahres.

Der Beschäftigte in Steuerklasse III hat nun einen großen Vorteil: Wenn der Arbeitgeber die für sein Gehalt fällige Lohnsteuer ermittelt, rechnet er auch Freibeträge mit an, die eigentlich dem Partner zustehen – zum Beispiel dessen Grundfreibetrag und dessen halbe Kinderfreibeträge. So wird vom Einkommen des Hauptverdieners weniger Lohnsteuer abgezogen.

Im Gegenzug muss der Partner in Steuerklasse V zwar auf diese Freibeträge verzichten und damit etwas höhere Abzüge und etwas weniger Nettogehalt in Kauf nehmen. Doch das Minus ist meist nicht so groß wie das Plus beim Partner in Klasse III, sodass es vielen Paaren mit dieser Kombination gelingt, sich jeden Monat ein besonders hohes gemeinsames Nettoeinkommen zu sichern. **Beispiel:** Karsten verdient 4800 Euro brutto im Monat, Kerstin 2000 Euro brutto monatlich. Wenn sie ein Kind haben, bringt ihnen ein Wechsel aus den Steuerklassen IV/IV in die Kombination III/V monatlich knapp 160 Euro mehr Nettogehalt:

Steuerklassenkombination	IV/IV	III/V
Lohnsteuer + Soli Ehemann	1031,41	628,39
Lohnsteuer + Soli Ehefrau	200,36	445,21
Monatliche Abgaben	**1231,77**	**1073,60**

(Alle Angaben in Euro)

Aber Vorsicht: Die günstige Abrechnung ist nicht endgültig. Denn Paare mit der Steuerklassenkombination III/V sind verpflichtet, eine Steuererklärung einzureichen. Und die kann am Ende eine böse Überraschung und je nach Einkommenssituation eine Nachforderung von mehreren Hundert Euro bringen, da die Paare im Laufe des Jahres etwas zu wenig Lohnsteuer bezahlt haben. Diese mögliche Nachforderung sollten Sie im Hinterkopf behalten, wenn Sie sich für die Kombination III/V entscheiden.

Faktorverfahren wenig beliebt

Als dritte Alternative bleibt die Steuerklasse IV+Faktor für beide Partner. Diese Steuerklasse gibt es erst seit 2010: Mithilfe eines Rechenfaktors, den das Finanzamt anhand der Bruttoeinkommen ermittelt, werden Gehaltsunterschiede zwischen den Partnern beim Lohnsteuerabzug besser berücksichtigt. So stimmen die Steuern, die der Arbeitgeber vom Gehalt abzieht, fast genau mit den tatsächlichen Forderungen des Finanzamts überein, sodass dem Paar eine eventuell hohe Nachforderung erspart bleibt.

Die möglichst passende Rechnung mit Steuerklasse IV+Faktor funktioniert aber nur, solange sich an den Einkommen der beiden nichts ändert. Boni, Prämien oder Gehaltserhöhungen sorgen dafür, dass der ermittelte Faktor nicht mehr passt und es doch höhere Nachforderungen oder Erstattungen geben kann.

Mit günstiger Steuerklasse mehr Lohnersatz sichern

Egal, für welche Kombination Sie sich entscheiden: Zu viel Steuern werden Sie nicht zahlen, da Sie die monatliche Lohnsteuer-Abrechnung ja noch über die Steuererklärung korrigieren können. An anderer Stelle ist die Wahl der Steuerklassen deutlich entscheidender: Bei Lohnersatzleistungen wie Eltern-, Kranken- oder Arbeitslosengeld kann eine falsche Wahl tatsächlich richtiges Geld kosten, da sich diese Leistungen nach dem vorherigen Nettogehalt richten.

Der höchste Lohnersatz ist drin, wenn Sie zuvor in Steuerklasse III waren. Dementsprechend kann es sich sogar lohnen, wenn nicht der Besserverdiener die Klasse III wählt, sondern der Partner mit weniger Einkommen – etwa die Ehefrau, wenn Sie als Paar Nachwuchs planen und die künftige Mutter die berufliche Auszeit nehmen wird: **Beispiel:** Carina und Marc wollen Eltern werden. Carina verdient 3600 Euro brutto im Monat, Marc 5400 Euro brutto. Carina bleiben in Steuerklasse V monatlich knapp 1834 Euro netto, Marc in Steuerklasse III rund 3574 Euro. Sollte es mit dem Nachwuchs klappen, wird nur Carina in Elternzeit gehen. Für Marc kommt eine längere berufliche Auszeit aus Furcht vor einem Karriereknick nicht infrage.

Belässt es das Paar bei den Steuerklassen, käme Carina auf ein Elterngeld von knapp 1140 Euro monatlich. Tauschen die beiden spätestens sieben Monate vor Beginn des Mutterschutzes,die Steuerklassen, steigt ihr Anspruch deutlich: Durch Steuerklasse III verdient Carina rund 2518 Euro netto, sodass ihr rund 1580 Euro monatliches Elterngeld zustehen. Der Steuerklassenwechsel vor der Geburt würde Carina also nach der Geburt monatlich rund 440 Euro mehr Elterngeld bringen. Dieses Plus ist ihr sicher.

Ihr Mann Marc verdient in der Zeit vor der Geburt durch die ungünstige Steuerklasse V zwar netto nur noch rund 2650 Euro. Doch diese Rechnung ist nur vorläufig. Die zu viel gezahlten Steuern holt sich das Paar über die Steuererklärung zurück.

Nach der Geburt können Paare wie Carina und Marc ja auch wieder zurückwechseln: Dann geht der Allein- oder Hauptverdiener – meist der Ehemann – wieder in Klasse III, und so steht dem Paar neben dem Elterngeld für die Frau zumindest vorläufig das wieder höhere Nettogehalt des Ehemannes zur Verfügung.

→ Fiktives Netto-Gehalt

Die Elterngeldstelle berechnet die Höhe der Leistung nicht anhand des tatsächlichen Nettogehalts, sondern rechnet mit einem fiktiven Wert. Es zieht vom tatsächlichen Netto noch 1/12 des Arbeitnehmerpauschbetrags ab (83,33 Euro). Somit fällt das Elterngeld etwas niedriger aus, als Eltern vielleicht im ersten Moment erwartet hätten.

Fristen beim Wechsel beachten

Damit sich die günstigere Steuerklasse auf Lohnersatzleistungen wie Elterngeld auswirkt, müssen Sie aber Fristen einhalten. Beim Elterngeld gilt, dass Sie spätestens sieben Monate vor Beginn des Mutterschutzes in der neuen Steuerklasse sein müssen. Sonst rechnet die Elterngeldkasse mit der alten Klasse.

Beim Mutterschaftsgeld gilt folgende Regel: Als Angestellte erhalten Sie einen Teil der Leistungen von der Krankenkasse, vom Arbeitgeber gibt es je nach Nettoeinkommen einen Zuschuss. Für höhere Leistungen sollte die günstigere Steuerklasse spätestens drei Monate vor Beginn des Mutterschutzes wirken. Eine Garantie auf mehr Geld gibt es aber nicht: Der Chef muss den Wechsel bei der Berechnung des Zuschusses nur berücksichtigen, wenn er steuerlich sinnvoll ist. Ein Wechsel zu Klasse IV+Faktor ist aber immer möglich.

Entlastung für Alleinerziehende

Für Alleinerziehende gibt es die spezielle Steuerklasse II und damit einen zusätzlichen Steuerfreibetrag. Denn wer Kinder allein großzieht, hat dadurch meist höhere finanzielle Belastungen zu tragen als Paare. Das soll durch den „Entlastungsbetrag für Alleinerziehende" ausgeglichen werden.

Wenn Sie sich von Ihrem Partner getrennt haben und nun mit dem Nachwuchs allein leben, steht Ihnen der Entlastungsbetrag in Höhe von 1908 Euro pro Jahr für das erste Kind – 240 Euro für jedes weitere – zu. Voraussetzung: Sie haben einen Anspruch auf Kindergeld, und es lebt kein anderer Erwachsener, also auch nicht Oma oder Tante der Kinder, mit im Haushalt. Sobald ein anderer Erwachsener mit in Ihren Haushalt zieht, zum Beispiel Ihr neuer Partner, verlieren Sie den Entlastungsbetrag für Alleinerziehende. Einzige Ausnahme: Es handelt sich bei dem zweiten Erwachsenen um ein volljähriges Kind, für das die alleinerziehende Mutter oder der alleinerziehende Vater noch Anspruch auf Kindergeld hat.

Den zusätzlichen Entlastungsbetrag und damit die Steuerklasse II gibt es nur auf Antrag.

Die Steuerklasse II und damit den zusätzlichen Entlastungsbetrag für Alleinerziehende teilt das Finanzamt aber nicht automatisch zu: Das müssen Sie mit der „Versicherungserklärung zum Entlastungsbetrag“ beantragen. Den Antrag finden Sie unter www.Formulare-bfinv.de im „Formularcenter“ unter „Steuerformulare“ bei „Lohnsteuer“. Darin müssen Sie versichern, dass kein weiterer Erwachsener mit im Haushalt lebt.

Erst wenn das Finanzamt Ihren Antrag auf Steuerklasse II angenommen hat, wird Ihr Arbeitgeber bei der Gehaltsabrechnung den Entlastungsbetrag berücksichtigen: Von Ihrem Bruttogehalt bleiben mit Steuerklasse II zusätzlich 159 Euro pro Monat steuerfrei (1/12 von 1908 Euro). Für jedes weitere Kind kommen 20 Euro im Monat dazu.

Bei einem Durchschnittsverdiener mit einem Kind beträgt die Netto-Entlastung aber gerade mal rund 50 Euro im Monat. Für Teilzeitkräfte und Geringverdiener ist sie noch niedriger. Zahlt der andere Elternteil keinen Unterhalt für die Kinder, erhöht das den Entlastungsbetrag nicht.

Wenn Sie nach dem Tod Ihres Ehepartners alleinerziehend sind, sollten Sie etwas anders vorgehen, um sich möglichst viel Nettogehalt zu sichern. Wählen Sie zunächst Steuerklasse III, wenn Sie bisher in Klasse IV oder V waren. Im Todesjahr des Partners und im Jahr danach profitieren Sie nämlich noch vom günstigeren Splittingtarif für Verheiratete, sodass Sie die Klasse III nehmen dürfen. Den Entlastungsbetrag für Alleinerziehende lassen Sie sich dann als zusätzlichen Freibetrag in Ihre Lohnsteuerdaten eintragen. Wie Sie die zusätzlichen Freibeträge bekommen, lesen Sie ab S. 71 unter „Mit Freibeträgen sofort mehr Geld“.

Kein Splittingtarif für Alleinerziehende

Ein weiterer Steuervorteil bleibt Alleinerziehenden aber verwehrt: der Splittingtarif, mit dem Ehepaare und eingetragene Lebenspartner – auch ohne Kinder – eine Menge Steuern sparen können. Der Bundesfinanzhof hat 2016 noch einmal klargestellt, dass er für Alleinerziehende nicht infrage kommt (BFH, Az. III R 62/13). Im Vergleich zu verheirateten Eltern ist die Steuerbelastung somit für einen Alleinerziehenden deutlich höher.

Beispiel: Christina lebt allein mit ihrem zweijährigen Sohn Tim. 2016 erzielte sie ein zu versteuerndes Einkommen von 25 092 Euro. Dafür zahlte sie 4157 Euro Steuern und Solidaritätszuschlag. Ohne den Entlastungsbetrag für Alleinerziehende hätte sie 27 000 Euro Einkommen gehabt und 4750 Euro ans Finanzamt zahlen müssen. Mit Freibetrag spart sie also 593 Euro im Jahr. Weitaus größer wäre ihr Steuervorteil durch den Splittingtarif gewesen: Für ein Jahreseinkommen von 27 000 Euro musste ein Ehepaar 2016 nur 1750 Euro ans Finanzamt zahlen – über 2 400 Euro weniger als die Alleinerziehende.

Ein wenig Hoffnung gibt es allerdings noch für Single-Eltern: Derzeit ist beim Bundesverfassungsgericht eine neue Verfassungsbeschwerde anhängig mit dem Ziel, den Splittingtarif auch für Alleinerziehende durchzusetzen (BVerfG, Az. 2 BvR 221/17).

Geschenk statt Geld

Ob alleinerziehend, Allein- oder Doppelverdiener: Über eine Gehaltserhöhung oder Bonuszahlungen vom Chef wird sich jeder freuen. Doch auch hier gibt es noch einen völlig legalen Kniff, mit dem Sie aus diesem Extra mehr herausholen können: Versuchen Sie mit Ihrem Arbeitgeber „geldwerte Extras" anstatt einer Gehaltserhöhung zu vereinbaren.

Vielleicht lässt er sich darauf ein, Ihnen statt einer Bonuszahlung zum Beispiel ein neues Handy zu finanzieren, das Sie sich sonst sowieso selbst gekauft hätten. Oder er spendiert Ihnen ab jetzt immer das Monatsticket für die Bahn oder den Strom für Ihr Elektroauto. Die Möglichkeiten sind vielfältig und haben Vorteile für alle Beteiligten: Mit geldwerten Vorteilen anstatt der rein finanziellen Zahlung können Sie als Arbeitnehmer Steuern und Sozialabgaben sparen. Ihr Arbeitgeber spart zumindest seinen Anteil an Sozialabgaben, die für eine Gehaltserhöhung angefallen wären.

Diesen Vorteil haben Sie zum Beispiel auch, wenn der Chef die Ausgaben für Ihre Kinderbetreuung übernimmt. Möglich ist, dass er Kindergartenzuschüsse für die Unterbringung, Unterkunft, Verpflegung und Betreuung von nichtschulpflichtigen Kindern übernimmt.

Beispiel: Leonards Sohn Luca wird mit einem Jahr in die Krippe gehen. Dafür zahlt Leonard 300 Euro Kita-Beitrag im Monat plus 50 Euro für Verpflegung.

Wer kennt sich aus?

Welche steuerfreien Extras gibt es noch? Wie holen Sie aus Ihrem Gehalt das Beste heraus? Und worauf kommt es bei der Steuererklärung an? Antworten auf Ihre Steuerfragen liefert das Finanztest Spezial „Steuern 2017". Das Heft kostet 8,80 Euro. Sie können es unter www.test.de/shop bestellen.

Für den Notfall
Muss kurzfristig eine Kinderbetreuung her, darf sich der Chef an den Kosten beteiligen, ohne dass Sie dafür Steuern und Sozialabgaben zahlen müssen.

Wenn der Vater nun mit seinem Arbeitgeber vereinbart, dass dieser ihm nicht das Gehalt um 300 Euro monatlich erhöht, sondern das Geld direkt an die Stadt für die Kinderbetreuung überweist, profitieren beide Seiten: Für eine Gehaltserhöhung von 300 Euro hätte Leonard bei einem bisherigen Einkommen von 4800 Euro brutto etwa 150 Euro Steuern und Sozialabgaben zahlen müssen. Diese Abzüge kann er sich nun sparen. Und selbst sein Chef profitiert: Er hätte für die 300 Euro zusätzliches Gehalt anteilig Sozialabgaben leisten müssen. Diese spart er jetzt ein.

Kleiner Wermutstropfen: Wenn der Chef Ihre Kita-Beiträge zahlt, können Sie selbst weniger Kinderbetreuungskosten als sogenannte Sonderausgaben in Ihrer Steuererklärung abrechnen und somit etwas weniger Steuern sparen. Es gibt Steuerexperten, die diesen Nachteil in der Steuererklärung als nicht rechtens ansehen. Noch gibt es allerdings keine Gerichtsurteile zu dieser Thematik.

Diesem Nachteil können Sie aus dem Weg gehen, wenn Sie mit Ihrem Arbeitgeber andere geldwerte Extras vereinbaren oder beispielsweise mit ihm abmachen, dass er nicht den Monatsbeitrag, aber die Verpflegungskosten in der Kita übernimmt. Dadurch verschenken Sie selbst keinen Steuervorteil, da Sie Verpflegungskosten sowieso nicht als Sonderausgaben beim Finanzamt abrechnen dürfen.

→ Kurzfristige Betreuung

Auch wenn Sie als Arbeitnehmer kurzfristig jemanden benötigen, der etwa Ihre kranken Kinder betreut oder sich um pflegebedürftige Angehörige kümmert, kann der Arbeitgeber Sie finanziell unterstützen, ohne dass Sie dafür Steuern und Sozialabgaben zahlen müssen. Ausgaben für Dienstleister sind bis zu 600 Euro im Jahr abgabenfrei – vorausgesetzt, Sie arbeiten während dieser kurzfristigen Betreuung weiter. Auch die Beratung und Vermittlung von Betreuungspersonen ist steuerfrei.

Letzte Chance: Sparen mit der Steuererklärung

Steuererklärung – muss das sein? Häufig ja, denn für viele Paare ist sie Pflicht. Und auch wenn nicht: Oft lohnt es sich, die Formulare freiwillig auszufüllen.

Sie bekommen Elterngeld? Dann müssen Sie im nächsten Jahr eine Steuererklärung beim Finanzamt einreichen. Sie und Ihr Partner haben die Steuerklassen III und V? Dann ist das Ausfüllen der Formulare für Sie ebenfalls Pflicht. Das gilt auch in anderen Situationen, etwa wenn Sie neben Ihrem Einkommen aus der angestellten Beschäftigung noch Einkünfte als Selbstständiger oder Mieteinkünfte über 410 Euro im Jahr hatten.

Sind Sie nicht in der Pflicht, sollten Sie sich freiwillig um die Steuererklärung kümmern – um dem Finanzamt kein Geld zu schenken. Das gilt zum Beispiel, wenn beide Elternteile Steuerklasse IV hatten. Oder wenn einer von ihnen hohe eigene Ausgaben für den Job berappen musste, etwa weil er oder sie

- aus beruflichen Gründen umgezogen ist,
- eine berufliche Fortbildung selbst bezahlt hat,
- jeden Tag weit zur Arbeit fährt oder
- am Arbeitsplatz eine Zweitwohnung unterhält.

Solche Ausgaben erkennt das Finanzamt als Werbungskosten an. Wenn Sie keine Steuererklärung machen, werden pauschal lediglich 1000 Euro im Jahr als Werbungskosten berücksichtigt. Diese Pauschale und keinen Euro mehr legt der Arbeitgeber automatisch zugrunde, wenn er beim Gehalt die fällige Lohnsteuer ermittelt.

Viele Arbeitnehmer geben für ihren Job aber deutlich mehr aus. Und diese Ausgaben können sie endgültig erst in der Steuererklärung abrechnen.

Mit Kinderbetreuungskosten Steuern sparen

Ein anderer wichtiger Steuersenker: Ihre eigenen Ausgaben für Kinderbetreuung. Bis zu 6 000 Euro können Eltern dafür jährlich pro Kind (unter 14 Jahren) beim Finanzamt abrechnen. Zwei Drittel davon, also bis zu 4 000 Euro im Jahr, müssen die Beamten als Sonderausgaben anerkennen. Egal, ob Sie Ihr Kind in die Kita bringen oder von einer Tagesmutter betreuen lassen: Sie dürfen Ihre Ausgaben für diese Betreuung geltend machen.

Oma passt auf

Mit Kinderbetreuungskosten können Sie auch Steuern sparen, wenn ein naher Verwandter aufpasst. Das klappt aber nur, wenn Sie einige Regeln beachten.

Auch wenn Sie eine Kinderfrau engagieren, die zu Ihnen nach Hause kommt, oder selbst eine Betreuungskraft anstellen, können Sie Ausgaben abrechnen. Sogar die Fahrtkosten, die der betreuenden Person entstehen, können Sie geltend machen, wenn Sie diese erstattet haben.

Etwas komplizierter wird die Abrechnung beim Finanzamt, wenn Sie jemanden engagieren, der nicht nur die Kinderbetreuung übernimmt, sondern zudem einige Aufgaben im Haushalt erledigt, etwa ein Au-Pair. In dem Fall wird das Finanzamt nicht Ihre vollen Ausgaben als Betreuungskosten berücksichtigen, sondern in der Regel die Hälfte. Die andere Hälfte können Sie aber als Ausgaben für eine Haushaltshilfe abrechnen und dadurch Ihre Steuerbelastung weiter senken (siehe „Handwerker und Haushaltshilfe“, S. 82)

Ein Steuervorteil ist auch drin, wenn sich Angehörige wie Oma oder Tante um Ihr Kind kümmern, während Sie arbeiten. Allerdings spielt das Finanzamt dann nicht immer mit. Wohnt beispielsweise die Oma mit in Ihrem Haus, und Sie bezahlen sie für die Betreuung, wird das Finanzamt die Ausgaben nicht anerkennen. Hat sie hingegen eine eigene Wohnung in der Nachbarschaft und Sie schließen mit ihr einen Vertrag „wie unter Fremden“, können Sie die Ausgaben für die Betreuung geltend machen. Aus dem Vertrag müssen unter anderem der Stundenlohn und die Arbeitszeit hervorgehen. Wichtig ist außerdem, dass Sie die verwandten Betreuer nicht in bar bezahlen, sondern das Geld aufs Konto überweisen.

Von den bis zu 6 000 Euro Betreuungskosten im Jahr wird das Finanzamt zwei Drittel – bis zu 4 000 Euro – als Sonderausgaben anerkennen:

Beispiel: Alina und Sebastian sind verheiratet und geben 2017 jeden Monat 400 Euro für die Krippe Ihres Sohnes aus – ohne Verpflegung. Von den 4 800 Euro erkennt das Finanzamt 3 200 Euro als Sonderausgaben an. Kommt die Familie nun auf ein zu versteuerndes Einkommen von 64 800 Euro anstatt 68 000 Euro, spart sie aufgrund der Kita-Beiträge rund 1 100 Euro Einkommensteuer und Solidaritätszuschlag. Es lohnt sich also, sämtliche Posten abzurechnen.

Wer kann die Steuern sparen?

Im vorherigen Beispiel spielte es keine Rolle, auf wen der Betreuungsvertrag lief und wer die Betreuungskosten bezahlt hat – Alina und Sebastian sind verheiratet und lassen sich zusammen zur Steuer veranlagen. Aufpassen müssen hingegen Eltern, die keine gemeinsame Steuererklärung abgeben – etwa weil sie nicht verheiratet sind. Grundsätzlich gilt dann: Nur derjenige kann Betreuungskosten geltend machen, auf den die Rechnung ausgestellt und von dessen Konto die Zahlung vorgenommen wurde.

Wenn beide Elternteile den Betreuungsvertrag unterschrieben haben und beide Betreuungskosten zahlen, können sie jeweils bis zu 2 000 Euro im Jahr abrechnen. Auf Antrag ist es auch möglich, eine andere Aufteilung zu wählen. Ungünstig wäre es aber, wenn die Eltern nicht verheiratet sind und wenn dann beispielsweise der berufstätige Vater die Betreuungskosten überweist, der Betreuungsvertrag aber auf die Mutter läuft, die das ganze Jahr im Beruf aussetzt. Da sie keine Einkünfte hat, bringen ihr die Betreuungskosten keinen Steuervorteil. Und der Vater kann sie nicht geltend machen, weil die Kosten nicht ihm, sondern der Mutter in Rechnung gestellt wurden.

Der Tipp deshalb: Wenn Sie nicht verheiratet sind und nicht beide Elternteile den Betreuungsvertrag unterschreiben wollen, überlegen Sie sich gut, wer welche Kosten übernimmt und anschließend in der Steuererklärung geltend machen kann.

Handwerker und Haushaltshilfe

Weitere wichtige Posten zum Steuernsparen sind Ausgaben für Dienstleistungen im Haushalt. Haben Sie das Kinderzimmer vor der Geburt von einem Maler streichen lassen? Dann können Sie die Rechnung beim Finanzamt einreichen. Ausgaben von bis zu 6 000 Euro im Jahr für Handwerkerleistungen können Sie in der Steuererklärung geltend machen.

20 Prozent der ausgewiesenen Arbeitskosten – maximal 1 200 Euro – wird das Finanzamt dann direkt von Ihrer Steuerschuld abziehen. Materialkosten werden nicht berücksichtigt.

Auch die Kosten für ein Umzugsunternehmen können Ihnen als haushaltsnahe Dienstleistung einen Steuervorteil bringen.

An diese Regelung sollten Sie auch denken, wenn Sie wegen der bevorstehenden Geburt Ihres Kindes oder danach umgezogen sind: Die in Rechnung gestellten und per Überweisung gezahlten Ausgaben für ein Umzugsunternehmen werden Ihnen ebenfalls als „haushaltsnahe Dienstleistung" einen Steuervorteil bringen.

Wenn Sie aus beruflichen Gründen umgezogen sind, können Sie mit Ihren Ausgaben noch deutlich mehr Steuern sparen.

Denn Sie dürfen viele Posten als Werbungskosten beim Finanzamt abrechnen, zum Beispiel Ihre Ausgaben für Fahrten zu Wohnungsbesichtigungen oder Fahrtkosten am Umzugstag. Zusätzlich können Sie für berufliche Umzüge eine Pauschale abrechnen, Seit dem 1. Februar 2017 sind es 1 528 Euro für Ehepaare und Alleinerziehende, für mit umziehende Kinder jeweils 337 Euro.

Gemeinsam oder allein?

Sie sind verheiratet und Ihnen steht die erste Steuererklärung als „Eltern" bevor? Dann sollten Sie nicht aus reiner Gewohnheit eine gemeinsame Steuererklärung erstellen: Kreuzen Sie also nicht einfach die „gemeinsame Veranlagung" an, nur weil Sie es sonst immer so gemacht haben. Denn wenn Lohnersatzleistungen wie Elterngeld geflossen sind, kann es tatsächlich sein, dass die gemeinsame Steuererklärung nicht die günstigste Lösung für Sie ist:

Das Elterngeld ist zwar steuerfrei, es unterliegt aber dem sogenannten Progressionsvorbehalt. Das bedeutet, dass durch die Leistung der Steuersatz für das restliche Einkommen steigen kann.

Beispiel: Janine und Ole sind verheiratet und kommen 2017 zusammen auf ein zu versteuerndes Jahreseinkommen von 60 000 Euro. Dafür müssen sie 19,05 Prozent Einkommensteuer und Solidaritätszuschlag zahlen, wenn sie eine gemeinsame Steuererklärung abgeben. Fließen 2017 zusätzlich 10 000 Euro Elterngeld, müssen Janine und Ole für die 60 000 Euro 21,22 Prozent als Abgaben zahlen, wenn sie gemeinsam veranlagt werden. Das ist der Satz, der sich für 70 000 Euro Einkommen ergäbe.

Rechnet das Paar nun nicht gemeinsam ab, sondern reichen beide Partner jeweils eine eigene Steuererklärung beim Finanzamt ein, kann der Nachteil durch den erhöhten Steuersatz deutlich kleiner ausfallen: Hat beispielsweise nur Ehefrau Janine Elterngeld bezogen, erhöht sich nur der Steuersatz für ihr Einkommen. Das Einkommen des Partners bleibt außen vor.

→ Selbst rechnen

Ob die Einzelabrechnung tatsächlich günstiger ist, muss im Einzelfall geprüft werden. Das können Sie als Paar sogar selbst machen – mithilfe eines PC-Steuerprogramms oder wenn Sie im Portal „Elster-Online" Ihre Steuererklärung online ausfüllen. Alternativ wenden Sie sich zum Beispiel an einen Lohnsteuerhilfeverein oder einen Steuerberater. Für diese fachliche Unterstützung müssen Sie zwar zahlen, doch wenn Sie dadurch Steuern sparen, gleichen Sie das meist leicht wieder aus. Und gut möglich, dass Sie dank der Erfahrungen aus dem Gespräch mit einem Experten im Folgejahr dann schon alleine mit den Steuerformularen zurechtkommen.

Geld anlegen – für später vorsorgen

Trotz der neuen Ausgaben für den Nachwuchs: Vergessen Sie das Sparen nicht. Legen Sie für kurzfristige Notfälle Geld zurück. Und behalten Sie die Altersvorsorge im Blick: Vor allem die Mütter sind hier meist besonders gefordert.

Wer denkt in Zeiten von kurzen Nächten, Windelwechseln und Rückbildungskurs schon an Altersvorsorge? Das Thema Geldanlage ist weit weg – warum auch nicht: Finanziell sind frischgebackene Eltern erst einmal hier und jetzt gefordert mit all den Anschaffungen, die vor und nach der Geburt das Budget belasten.

Andererseits: Selbst wenn aktuell andere Fragen drängender sind, ist es wichtig, dass Sie als junge Eltern die finanzielle Vorsorge nicht zu weit aus den Augen verlieren.

Kurzfristig finanziell flexibel

Ganz wichtig ist, dass Sie als Familie ein finanzielles Polster für Notfälle haben, etwa auf einem Tagesgeldkonto. Die Zinsen auf diesen Konten sind zwar derzeit wenig attraktiv, doch mit einem solchen Konto sind Sie im Notfall sehr flexibel und können quasi täglich über das Geld verfügen.

Und Sie sind klar im Vorteil, wenn Sie zum Beispiel für die dringende Autoreparatur auf das Ersparte zurückgreifen und nicht Ihr Girokonto überziehen müssen.

Anders rechnen
Familien, die vom Eigenheim träumen, sollten das bei ihrer persönlichen Anlagestrategie berücksichtigen. Das erste Ziel heißt: Eigenkapital bekommen!

Zum Vergleich: Viele Banken zahlen zwar derzeit keine 0,5 Prozent Zinsen für ein Tagesgeldkonto, doch für ein überzogenes Girokonto verlangen die Banken im Schnitt immer noch fast 10 Prozent Dispozinsen.

→ Zinsportale

Über Onlinezinsportale werden derzeit eine Reihe von Tages- und Festgeldern ausländischer Banken angeboten – mit zum Teil deutlich attraktiveren Zinsen als bei hierzulande bekannteren Banken. Viele der Portalangebote schaffen es trotzdem nicht in die Zinsvergleiche der Stiftung Warentest. Hintergrund: Wir schätzen die Einlagensicherung des Herkunftslandes der Bank nicht für stabil genug ein. Angebote, die wir als empfehlenswert einstufen, finden Sie unter www.test.de/zinsen. Die Daten werden alle 14 Tage aktualisiert.

Ungünstig wäre außerdem, wenn Sie – weil Sie kurzfristig nicht anderweitig flüssig sind – für eine dringende Ausgabe auf die Schnelle Wertpapiere verkaufen müssten, auch wenn die Kurse gerade schlecht stehen. Oder wenn Sie aufgrund eines kurzfristigen Engpasses vorzeitig beispielsweise an eine langlaufende Kapitallebensversicherung heranmüssten. Das Tagesgeldkonto ist deshalb die beste Lösung für den Notfall, die Sicherheit und Flexibilität bietet.

Blick nach vorn

Und wie sieht es mit Ihren Wünschen für die Zukunft aus? Träumen Sie zum Beispiel vom eigenen Haus oder einer eigenen Wohnung? Dann benötigen Sie Eigenkapital.

Und auch die finanzielle Absicherung in der Zeit nach dem Berufsleben sollten Sie im Blick behalten. Für den Ruhestand wird die gesetzliche Altersrente immer noch ein entscheidender Bestandteil sein. Doch sie allein wird im Alter nicht zum Leben reichen. Das gilt umso mehr, wenn ein Elternteil oder sogar beide für die Kinderbetreuung auf Dauer beruflich kürzertreten. Dann sinkt die gesetzliche Rente.

Hier verheißen die statistischen Daten der Deutschen Rentenversicherung wenig

Gutes. Demnach haben Mütter mit Kindern im Schnitt weniger Altersrente als kinderlose Frauen (mehr unter „Zuschuss bei der Rente“, S. 49).

Die Werte der Deutschen Rentenversicherung gelten für Rentnerinnen im Jahr 2015. Wie in Zukunft die Renten der jungen Mütter von heute aussehen werden, lässt sich derzeit schwer sagen. Doch sicher ist: Selbst wenn die Rentenkasse die Eltern – meist die Mütter – nach der Geburt unterstützt und ihnen auch während der Phase ohne Arbeit zumindest vorübergehend Rentenansprüche gutschreibt, kann es im Alter finanziell eng werden. Denn wer längere Zeit ganz beruflich aussetzt oder über viele Jahre nur in Teilzeit arbeitet, hat im Alter womöglich nur eine Minirente (siehe „Teilzeit und ihre finanziellen Folgen“, S. 55).

Es wäre falsch, sich in der Situation auf die Rente oder Pension des Partners zu verlassen, auch wenn Sie davon beide leben könnten. Doch was, wenn Sie sich im Laufe der vielen Jahre bis Rentenbeginn trennen? Oder was, wenn Ihr Partner stirbt?

Die Leistungen aus dem Versorgungsausgleich bei einer Scheidung oder aus der Witwenrente werden Ihnen vielleicht ein wenig helfen, doch kommen Sie damit zur Not allein zurecht? Besser ist, wenn beide Elternteile finanziell so vorsorgen können, dass sie es wenn nötig auch ohne den Partner schaffen. Häufig sind deshalb vor allem die Frauen gefordert, noch mehr für die eigene Absicherung zu tun.

DIE 3 WICHTIGSTEN ANLAGE-TIPPS

1 Früh beginnen. Selbst wenn Sie heute nicht genau wissen, was und wie viel Ihnen im Alter tatsächlich fehlen wird: Starten Sie mit der Vorsorge. Die Zeit arbeitet für Sie. Je früher Sie mit dem Sparen beginnen, desto mehr profitieren Sie vom Zinseszinseffekt.

2 Geschickt verteilen. Rendite, Sicherheit, Flexibilität – eine Geldanlage, die alle drei Anlageziele in optimaler Form vereint, gibt es nicht. Um ein Ziel bestmöglich zu erreichen, müssen Sie bei einem anderen Abstriche machen. Verteilen Sie deshalb Ihr Geld auf mehrere Anlageformen, um sich so die notwendige Sicherheit, Rendite und Verfügbarkeit zu sichern.

3 Ziele im Blick. Die Patentlösung für alle Anleger gibt es nicht. Wer ein Haus kaufen will, muss anders anlegen als jemand, der erst in 30 Jahren ein Finanzpolster fürs Alter benötigt. Überlegen Sie deshalb gut, was Sie wann mit Ihrer Geldanlage erreichen wollen, bevor Sie Ihr Geld investieren.

Bitte füttern!
Trotz der derzeit niedrigen Zinsen sollten Sie wenn möglich Geld auf die Seite legen. Gut dran ist, wer beim Sparen staatliche Unterstützung bekommt.

Sparen, aber wie?

Doch wie lässt sich derzeit am besten kurz- bis mittelfristig Geld anlegen? Und welche Anlagen eignen sich für die Altersvorsorge? Gerade im Moment ist die Verunsicherung groß:

- Riester-Rente – heißt es nicht überall, dass sie nicht gut ist?
- Und die Banken zahlen auch kaum noch Zinsen.
- Aber in Aktien investieren? Das ist doch zu riskant, oder nicht?

Auf den folgenden Seiten werden wir Ihnen zumindest einige Produkte vorstellen, die für Ihre Geldanlage und Altersvorsorge infrage kommen. Gerade für junge Familien wird die Frage der weiteren Geldanlage von einem Aspekt besonders mit bestimmt: Eigenheim ja oder nein?

Spätestens, wenn das erste Kind mobil wird, wünschen sich viele Eltern die eigene Immobilie – gerne mit Garten. Tipps, aber auch Tücken, die auf dem Weg zum Eigenheim lauern, stellen wir ausführlich am Ende dieses Kapitels dar (siehe S. 115).

Vorher gehen wir unter anderem auf die viel gescholtene Riester-Rente ein, die gerade für Eltern mit Kindern vor allem dank der staatlichen Zulagen immer noch eine attraktive Möglichkeit darstellt, um Geld für das Alter zurückzulegen.

Beispiel: Sie haben zwei Kinder, arbeiten Teilzeit und verdienen 20 000 Euro im Jahr. Dann reicht es schon aus, wenn Sie den gesetzlich geforderten Mindestbeitrag von 5 Euro im Monat – 60 Euro im Jahr – in Ihren Riester-Vertrag einzahlen. Dann können Sie für 2017 satte 754 Euro vom Staat geschenkt bekommen, ab 2018 sind es 775 Euro (mehr unter „Riester attraktiv für Familien", S. 99). Diese Zahlungen – das sind in zehn Jahren gut 8 000 Euro – sind Ihnen sicher, egal, welche Form eines Riester-Vertrags Sie wählen.

Je früher Sie starten, desto besser

Allerdings wird eine Riester-Rente allein neben der gesetzlichen Rente nicht als Absicherung im Ruhestand ausreichen. Zusätzliche Vorsorge tut not. Auch in Zeiten magerer Zinsen gilt deshalb: Je eher Sie mit dem

Sparen beginnen, desto besser – und wenn Sie vorübergehend nur 50 oder 100 Euro monatlich zur Seite legen und die Summe wieder steigern, sobald die berufliche Auszeit beendet ist und Sie sich finanziell wieder größere Sprünge erlauben können.

Was frühzeitiges Sparen bringt, zeigt folgender Vergleich: Wenn Sie im Alter von 35 Jahren 30 Jahre lang jeden Monat 100 Euro zu einem Zinssatz von 1,5 Prozent sparen, haben Sie im Alter von 65 Jahren immerhin 45 412 Euro auf dem Konto – gut 9 000 Euro mehr, als Sie eingezahlt haben.

Würden Sie erst mit 50 Jahren anfangen zu sparen, müssten Sie schon rund 225 Euro monatlich zurücklegen, um beim selben Zinssatz mit 65 Jahren auf dieses Finanzpolster zu kommen.

Wenn Sie noch jung sind und viele Jahre Zeit bis zur Rente haben, empfiehlt es sich gerade im Moment häufig, nicht nur auf sichere Anlageprodukte zu setzen, sondern über Fonds in den Aktienmarkt zu investieren. Am besten eignen sich dazu ETF – börsengehandelte Indexfonds (siehe ausführlicher ab S. 105 unter „Geldanlage auf eigene Faust"). Damit gehen Sie zwar ein gewisses Anlagerisiko ein, doch es bleibt bis zum Ruhestand noch viel Zeit, um einen möglichen Börsencrash auszusitzen und wieder steigende Renditen mitzunehmen.

Sie sollten aber nur Geld investieren, das Sie aller Voraussicht nach für einen längeren Zeitraum, mindestens zehn, besser noch 15 Jahre, nicht benötigen. Wenn Sie hingegen beispielsweise anstreben, in fünf Jahren in der eigenen Immobilie zu leben, brauchen Sie zum Tag X eine gehörige Summe an Eigenkapital. Bis dahin sind sichere Geldanlagen die bessere Lösung.

→ Rentenlücke berechnen

Unter www.test.de/rentenluecke finden Sie einen Rechner, mit dem Sie ermitteln können, wie viel Geld Ihnen im Alter etwa fehlen wird, sodass Sie es durch private Vorsorge erwirtschaften müssen. Basis: Im Ruhestand sollten Ihnen mindestens 80 Prozent des bisherigen Einkommens zur Verfügung stehen.

Gerade wenn die Zeit knapp ist oder wenn Sie unsicher in Sachen passender Anlage sind, kann es gut sein, dass Sie das Thema erst einmal vor sich herschieben. Manchmal ergibt sich der passende Anlass, um sich mit dem Thema Sparen auseinanderzusetzen, aber ganz von selbst: Wenn die ersten Verwandten oder Freunde fragen, ob Ihr Kind schon ein Konto hat, auf das sie zur Taufe oder spätestens zum ersten Geburtstag Geld überweisen können.

Wenn Sie sich dann um eine passende Geldanlage für Ihr Kind kümmern, können Sie doch gleich Ihre eigenen Anlagen und Vorsorgeverträge überprüfen und auf den neuesten Stand bringen.

Gesetzliche Rente – sie bietet mehr als viele glauben

Die gesetzliche Rente wird auch für die frischgebackenen Eltern von heute noch ein wichtiger Bestandteil der Alterssicherung sein. Sie können aber schon früher profitieren.

Gerade unter Jüngeren ist die Skepsis gegenüber der gesetzlichen Rente groß: Bekommen wir im Alter überhaupt noch etwas für unsere eingezahlten Beiträge – es ist doch immer die Rede davon, dass das Rentenniveau sinkt? Wie lange werden wir bis zur Rente arbeiten müssen?

Auch bei der monatlichen Gehaltsabrechnung wird sich manch einer ärgern, wenn knapp 10 Prozent des Bruttolohns direkt an die Rentenkasse fließen.

Mit der Geburt eines Kindes zeigt sich allerdings, dass die Rentenversicherung schon jungen Familien etwas zu bieten hat – auch wenn es sich heute meist noch nicht direkt auf dem Giro- oder Sparkonto bemerkbar macht. Dafür aber auf Ihrem Rentenkonto: Die Kindererziehungszeiten, die meist der Mutter gutgeschrieben werden, sorgen dafür, dass zumindest eine vorübergehende berufliche Auszeit die Leistungen im Alter nicht zu sehr reduziert (siehe „Vorteile bei Krankenkasse und Rente“, S. 46).

Außerdem bietet die gesetzliche Rentenversicherung mehr als nur die Altersrente. Sie bietet Ihnen und Ihrer Familie auch Schutz, wenn Sie oder Ihr Partner sterben. Und Sie können Leistungen aus der Rentenkasse bekommen, wenn Sie selbst schwer erkranken. Möglich ist dann, dass zum Beispiel Kosten für Reha-Maßnahmen übernommen werden oder wenn nötig eine Erwerbsminderungsrente gezahlt wird.

All das zusammen sorgt dafür, dass die gesetzliche Rente ein wichtiger Bestandteil für die Absicherung auch junger Familien ist. Darauf können Sie dann mithilfe eigener Altersvorsorge und mithilfe wichtiger privater Versicherungen aufbauen (siehe „Absicherung für die schweren Fälle“, S. 134).

Für die Rente zählt jeder Punkt

Wie hoch die gesetzlichen Renten ausfallen, richtet sich danach, wie viele sogenannte Entgeltpunkte jemand während seines Arbeitslebens und während beruflicher Auszeiten – etwa als Eltern oder während der Pflege von Angehörigen – erwirtschaftet.

Für die beruflichen Zeiten ergeben sich die Entgeltpunkte wie folgt: Je höher der Verdienst und je höher die demnach gezahlten Beiträge an die Rentenkasse sind, desto

Mehr als Altersrente
Wenn nötig springt die gesetzliche Rentenversicherung oft auch in jungen Jahren ein und zahlt zum Beispiel für eine Reha.

mehr Entgeltpunkte landen auf dem Konto. Wer in einem Jahr genau das Durchschnittseinkommen aller Beitragszahler verdient, erwirtschaftet genau einen Entgeltpunkt für sein Rentenkonto. Für 2017 gilt ein voraussichtliches Durchschnittseinkommen von 37 103 Euro brutto. Wer mehr als der Durchschnitt verdient, erhält dementsprechend mehr Punkte. Je mehr Entgeltpunkte dann am Ende des Berufslebens auf der Habenseite stehen, desto mehr Rente gibt es. Denn die Entgeltpunkte werden mit dem sogenannten aktuellen Rentenwert multipliziert und so in Euro umgerechnet.

Anders ausgedrückt: Wer heute wenig verdient, hat im Alter weniger Rentenansprüche. Wer längere Zeit gar nicht oder nur wenig arbeitet, bekommt zwar nach der Geburt auch in Sachen Rente erst einmal etwas Unterstützung vom Staat, aber diese hält nicht ewig. Die sogenannten Kindererziehungszeiten gibt es beispielsweise nur für maximal drei Jahre.

Danach machen sich berufliche Auszeiten und reduzierte Arbeitszeiten deutlich bei der Rentenhöhe bemerkbar: Wer nach Ablauf der Kindererziehungszeiten mit einer Teilzeitstelle fünf Jahre lang zum Beispiel 1 Entgeltpunkt jährlich sammelt und nicht wie vor der beruflichen Auszeit 1,6 Punkte, büßt in den fünf Jahren im Vergleich zu vorher 3 Entgeltpunkte für sein Rentenkonto ein – das wären nach derzeitigem Stand immerhin rund 90 Euro Monatsrente . Zehn Jahre Teilzeit würden unter diesen Voraussetzungen sogar etwa 180 Euro Monatsrente ausmachen.

Gesellen sich Einkommens- und damit Renteneinbußen wegen verpasster oder verspäteter Karrieresprünge dazu, steigt das Minus weiter. Das zeigt auch das Beispiel auf S. 92. Hier bringt die berufsbedingte Auszeit nach derzeitigem Stand sogar ein Minus von knapp 400 Euro Monatsrente.

Ein Ernstfall in jungen Jahren

Das Sammeln von Entgeltpunkten ist nicht nur für die Altersrente entscheidend, sondern auch für die Höhe einer Erwerbsminderungsrente. Eine Rente wegen voller Erwerbsminderung können Sie bekommen, wenn Sie gesundheitlich nicht mehr in der

Rentenansprüche – mit und ohne Kind

Wie viel Rente gibt's im Alter? Das hängt davon ab, wie viele „Entgeltpunkte" Sie im Laufe der Jahre sammeln. Vor allem berufliche Auszeiten und Teilzeitphasen drücken aufs Punktekonto. Hier ein Beispiel.

*

Anja Berger wurde im Dezember 1982 geboren und lebt in Köln.

Nach dem Abitur 2001 absolviert Anja eine dreijährige Ausbildung zur Bankkauffrau. Bis Ende 2004 sammelt sie insgesamt **2,25 Entgeltpunkte.**

Anja geht an die Uni und studiert Fremdsprachen. Durch diverse kleinere Jobs sammelt sie in den fünf Jahren insgesamt **1 Entgeltpunkt** für ihr Rentenkonto.

Anfang 2010 tritt Anja ihre erste richtige Stelle an und verdient bis Ende 2015 jedes Jahr 10 Prozent mehr als der Durchschnitt. In den sechs Jahren sammelt sie **6,6 Rentenpunkte**.

Anfang 2016 bekommt Anja eine Tochter. Sie bleibt drei Jahre zu Hause. Während dieser Kindererziehungszeit sammelt sie **3 Punkte** für ihr Rentenkonto.

Die Firma ist mit Anjas Arbeit zufrieden. Sie erhält mehr Verantwortung und mehr Gehalt. Sie verdient nun 20 Prozent über dem Durchschnitt und sammelt in den fünf Jahren insgesamt **6 Rentenpunkte**.

Entgeltpunkte: Bis zum Rentenbeginn sammeln Sie je nach Einkommen und privater Lebenslage Punkte für die Rente. Ein Punkt ist derzeit (bis Mitte 2018) in den westlichen Bundesländern 31,03 Euro wert, in den östlichen 29,69 Euro.

Ab Anfang 2019 arbeitet sie zwischen 15 und 20 Stunden pro Woche. Sie profitiert von den Kinderberücksichtigungszeiten, erreicht aber in der Zeit insgesamt nicht mehr als **5 Rentenpunkte**.

Ab 2026 erhöht Anja ihre Arbeitszeit, allerdings noch nicht ganz auf Vollzeit und nicht in leitender Position. Sie verdient das Durchschnittseinkommen und sammelt bis Ende 2036 **11 Punkte**.

Anja ergattert eine neue Vollzeitstelle. Bis zum Ende ihres Berufslebens verdient sie jedes Jahr 30 Prozent über dem Durchschnitt. Das bringt insgesamt **16,9 weitere Entgeltpunkte.**

* Ermittelt anhand des aktuellen Rentenwerts von 31,03 Euro in den westlichen Bundesländern.

Anja wechselt Anfang 2021 Firma und Branche, da dort mehr bezahlt wird. Sie verdient nun 30 Prozent über dem Durchschnitt und sammelt bis Ende 2025 weitere **6,5 Entgeltpunkte.**

Anja bekommt neue Aufgaben. Der Arbeitgeber honoriert ihr Engagement und erhöht das Gehalt. Sie sammelt so bis zur Rente jedes Jahr 1,5 Entgeltpunkte, insgesamt noch einmal **36 Punkte**.

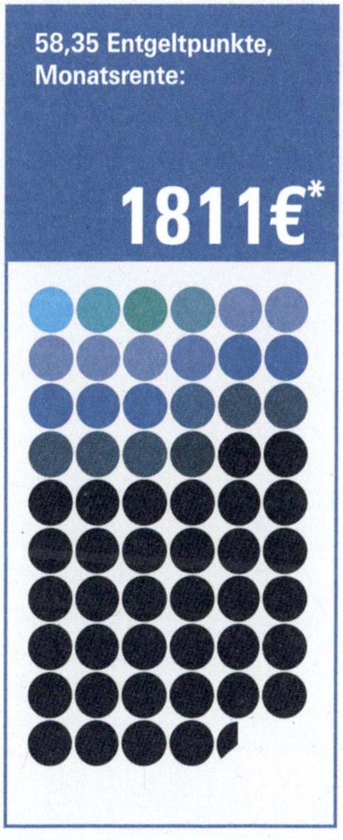

Lage sind, mindestens drei Stunden pro Tag in irgendeiner Form erwerbstätig zu sein. Eine Rente wegen teilweiser Erwerbsminderung kann fließen, wenn Sie zwar mehr als drei Stunden täglich arbeiten können, aber weniger als sechs Stunden.

Für alle, die in jungen Jahren schwer erkranken, zählen für die Rentenhöhe aber nicht nur die bisher erworbenen Entgeltpunkte: Die Ansprüche, die bisher auf dem Rentenkonto verzeichnet sind, werden mithilfe der sogenannten Zurechnungszeit hochgerechnet – so als hätten Sie bis zum 62. Geburtstag gearbeitet und Rentenbeiträge gezahlt. Diese Zurechnungszeit soll ab 2018 stufenweise auf 65 Jahre verlängert werden. Trotzdem sollten Sie nicht zu viel erwarten: Im Schnitt liegen die Erwerbsminderungsrenten nach Abzug der Beiträge für Kranken- und Pflegeversicherung bei unter 750 Euro im Monat.

Wer kennt sich aus?

Bei einem Ernstfall wie einer schweren Erkrankung oder beim Tod des Partners sollten Sie sich von einem Rentenexperten beraten lassen, um sich über Ihre Möglichkeiten zu informieren und um all Ihre Ansprüche gegenüber der gesetzlichen Rentenversicherung durchzusetzen. Über die Hotline 0 800/4800 1000 (gebührenfrei) der Deutschen Rentenversicherung können Sie telefonisch einen kostenlosen Beratungstermin vereinbaren. Oder Sie wenden sich an einen freien Rentenberater. Zwar wird dann ein Honorar fällig, doch diese Ausgabe kann sich lohnen, wenn der Experte das für Sie herausholt, was möglich ist. Ansprechpartner finden Sie über die Seite www.rentenberater.de.

Schutz für Hinterbliebene

Stirbt ein Elternteil, kann der hinterbliebene Ehepartner oder der eingetragene Lebenspartner eine Witwen- oder Witwerrente bekommen. Ein Partner ohne Trauschein geht leer aus. Der Rentenanspruch besteht im Regelfall, wenn das Paar bis zum Tod eines Partners für mindestens ein Jahr verheiratet war. Eventuell besteht auch bei kürzerer Ehe ein Anspruch, etwa nach einem Unfalltod.

Die Höhe der Witwenrente hängt von der Höhe der Rentenansprüche des Verstorbenen ab. Von diesem Anspruch wird je nach Form der Witwenrente der Anspruch der überlebenden Person abgeleitet. Für junge Familien gilt in aller Regel, dass der Hinterbliebene 55 Prozent der Rentenansprüche des Verstorbenen erhält. Das ist der Anspruch für die „Große Witwenrente", die Hinterbliebenen mit mindestens einem Kind unter 18 Jahren zusteht. Allerdings werden Sie auch hier wie bei der Erwerbsminderungsrente hinnehmen müssen, dass die Leistungen nicht besonders hoch sind.

Alternativ zur Witwenrente besteht die Möglichkeit, dass der verwitwete Partner das sogenannte Rentensplitting beantragt. In dem Fall wird seinem Rentenkonto die Hälfte der Entgeltpunkte gutgeschrieben, die der verstorbene Partner im Laufe der Ehe erworben hat.

Das kann eine interessante Lösung sein, zum Beispiel wenn die Ehefrau schnell wieder anfängt zu arbeiten: Ihr Verdienst würde auf die Witwenrente angerechnet, sodass womöglich kaum etwas übrig bliebe. Deshalb kann es für sie günstiger sein, wenn sie erst bei ihrer eigenen Altersrente von den Rentenansprüchen ihres Partners profitiert. Für das Rentensplitting gelten allerdings einige Vorgaben, zum Beispiel bei den bisherigen Versicherungszeiten.

Ihre Kinder haben im Ernstfall ebenfalls einen Rentenanspruch: auf die Halb- beziehungsweise die Vollwaisenrente. Diese Renten werden grundsätzlich bis zum 18. Geburtstag gezahlt. Befinden sich die Kinder noch in der Ausbildung, kann die Rente bis zum 27. Geburtstag fließen.

Auch hier ergibt sich ein abgeleiteter Rentenanspruch: Die Halbwaisenrente beträgt 10 Prozent der Rentenansprüche des verstorbenen Elternteils. Bei der Vollwaisenrente prüft der Rentenversicherer, welcher Elternteil bis dato den höheren Rentenanspruch hatte. 20 Prozent davon werden als Waisenrente gezahlt.

→ Erziehungsrente

Sie sind geschieden und Ihr Expartner stirbt? Dann können Sie eine Erziehungsrente beim Rentenversicherungsträger beantragen. Die Rente fließt an geschiedene Ehepartner, wenn sie ein Kind erziehen und keine erneute Ehe oder eingetragene Lebenspartnerschaft eingegangen sind. Diese Rente ist eine Art Ersatz für den Unterhalt des Expartners. Die Rentenhöhe wird nicht aus dem Rentenanspruch des Verstorbenen abgeleitet, sondern ergibt sich aus dem eigenen Rentenanspruch: Die Erziehungsrente wäre so hoch wie eine eigene Rente wegen voller Erwerbsminderung.

Privat vorsorgen – die passende Strategie finden

Sparen – aber wie? Die Antwort ist gerade bei den derzeit niedrigen Zinsen nicht leicht zu finden. Doch es gibt immer noch geeignete Möglichkeiten für Vorsorge und Geldanlage.

Die gesetzliche Rente allein wird im Alter nicht reichen. Sie müssen zusätzlich für später vorsorgen. Vor dem Ruhestand dürfte es aber auch noch weitere Sparziele geben: zum Beispiel ein Polster für Notfälle, ein Finanzpolster für die Ausbildung der Kinder oder Eigenkapital für die eigene Immobilie.

Bevor Sie über die weitere Geldanlage entscheiden, sollten Sie sich klar darüber sein, welches Ziel Sie damit verfolgen. Denn wer kurz- oder mittelfristig Geld verfügbar haben will, muss anders planen als jemand, der sich mit Mitte oder Ende 30 um die private Altersvorsorge kümmert.

Auch andere Kriterien beeinflussen Ihr weiteres Vorgehen: Welche finanziellen Spielräume haben Sie überhaupt, um Geld beiseitezulegen? Wird sich daran in absehbarer Zeit etwas ändern, etwa nach der Rückkehr in den Job? Und wie steht es um Ihre persönliche Risikobereitschaft: Können Sie noch ruhig schlafen, wenn Sie einen Teil Ihres Geldes in etwas riskantere Investments angelegt haben? Auch das sollten Sie bedenken, wenn Sie Ihre Geldanlage planen.

Alles auf einmal gibt es nicht

Um sich in alle Richtungen aufzustellen, wäre ein Anlageprodukt schön, bei dem Ihr Geld sicher investiert, aber dennoch kurzfristig verfügbar ist und mit dem gleichzeitig attraktive Renditen möglich sind. Leider gibt es einen solchen Alleskönner für die Geldanlage nicht.

Wer sich aus Sicherheitsgründen zum Beispiel für eine private Rentenversicherung entscheidet, die im Alter bis ans Lebensende sicher etwas auszahlt, muss deutliche Abstriche bei der Rendite hinnehmen. Außerdem bindet man sich für viele Jahre an einen Vertrag und ist damit wenig flexibel, wenn kurz- oder mittelfristig Geld benötigt wird.

Flexibler sind beispielsweise Anleger, die ihr Geld auf ein sogenanntes Festgeldkonto packen. Sie vereinbaren mit ihrer Bank eine bestimmte Laufzeit, zum Beispiel ein Jahr, und kommen dann zum Ende dieser Laufzeit wieder an ihr Geld.

Sie bekommen für ihr Geld zwar sichere Zinsen, doch selbst hier sind die Erträge derzeit mehr als mäßig.

Wann, was, wieviel?
Verschaffen Sie sich einen Überblick, wo Sie bereits Geld angelegt haben, wann es frei wird und wie Ihre Anlagen derzeit dastehen.

Deutlich mehr Rendite könnten Sie erzielen, wenn Sie sich zum Beispiel für einen Aktienfonds entscheiden, doch damit gehen Sie auch ein deutlich größeres Verlustrisiko ein. Fondsanteile haben zwar den Vorteil, dass Sie diese kurzfristig verkaufen könnten, wenn Sie wollten: Doch als kurzfristige Geldanlage taugen sie wegen des Risikos von Kursschwankungen an den Börsen dennoch nicht.

Dieser erste Vergleich einiger Produkte zeigt also: Die drei Ziele Sicherheit, Rendite und Flexibilität lassen sich nicht mit einer einzigen Geldanlage erreichen. Sie können alle drei Ziele nur erreichen, wenn Sie Ihre Geldanlagen geschickt mischen und nicht alles auf eine Karte setzen.

> **Verzichten Sie nicht zugunsten der Altersvorsorge oder anderer Sparziele auf wichtige Versicherungen wie Risikolebensversicherung oder Privathaftpflicht.**

Zuerst einen Überblick bekommen, dann investieren

Bevor Sie entscheiden, wie Sie weiter Geld anlegen: Verschaffen Sie sich am besten einen möglichst genauen Überblick, wie viel Geld Sie überhaupt monatlich zur Seite legen können und was Sie bereits an Ersparnissen haben beziehungsweise wie Sie Ihr Geld bisher angelegt haben (siehe auch „Die Finanzen früh im Blick“, S. 17).

Zur Frage nach dem Wieviel: Sparen können Sie nur das Geld, das Sie tatsächlich übrig haben. Verzichten Sie nicht zugunsten der Altersvorsorge oder anderer Sparziele auf wichtige Versicherungen wie die Risikolebensversicherung oder den Privathaftpflichtschutz (siehe S. 134 bzw. S. 140).

Kalkulieren Sie bei längerfristigen Investitionen Einkommensschwankungen mit ein – wenn Sie zum Beispiel noch ein weiteres Kind möchten und dementsprechend noch eine berufliche Auszeit auf Sie zukommt. Und: Überlegen Sie, ob es in absehbarer Zeit größere Ausgaben zu bewältigen gibt, zum Beispiel Ausgaben für ein größeres Auto oder die BAföG-Rückzahlung.

Erstellen Sie sich dann eine Übersicht, was derzeit auf Konten und Sparbüchern liegt und wann Sie gegebenenfalls auf dieses Geld zugreifen könnten. Verschaffen Sie sich zudem einen Überblick, wann beispielsweise eine Kapitallebensversicherung ausgezahlt wird, die Sie oder noch Ihre Eltern bereits vor Jahren für Sie abgeschlossen haben. Mit diesem Wissen können Sie weiter planen, ob Sie sich beispielsweise ein gewisses Risiko durch die Investition in Aktienfonds leisten können, weil Sie ausreichend Ersparnisse oder einen langfristigen Anlagehorizont haben.

Und Sie wissen, wann es wieder Handlungsbedarf gibt: Wenn Sie zum Beispiel Geld auf einem Festgeldkonto angelegt haben, sollten Sie den Ablauftermin vormerken, um das Geld dann abziehen und anderweitig anlegen zu können.

Außerdem können Sie besser kalkulieren, welcher „Baustein" Ihnen bei Ihrer Anlage noch fehlt. Angenommen, Sie haben bisher ein ausreichendes Polster an kurzfristig verfügbaren und sicheren Ersparnissen. Dann kann ein Fondsinvestment eine attraktive Ergänzung sein. Oder: Sie haben kurz nach Ende des Studiums eine private Rentenversicherung abgeschlossen? Dann sollten Sie auf jeden Fall nun auf deutlich flexiblere Anlageprodukte setzen.

Zuerst Schulden abbauen

Doch wichtig ist, bevor Sie neu anlegen: Wenn Sie noch Schulden haben, tilgen Sie diese zuerst, soweit dies kostenfrei ist. Schauen Sie zum Beispiel in den Kreditvertrag für Ihr Immobiliendarlehen, welche Möglichkeiten Sie für eine kostenfreie Sondertilgung haben.

Meist gestatten die Banken pro Jahr bis zu 5 Prozent der Kreditsumme. Das sind bei einer Kreditsumme von 200 000 Euro immerhin 10 000 Euro. Diese Sondertilgungen helfen Ihnen, dass Ihre Restschuld bei der Bank schneller schrumpft und Sie insgesamt weniger Zinsen für Ihr Darlehen zahlen müssen.

Das bringt Ihnen letztlich mehr, als wenn das Geld beispielsweise auf einem schlechtverzinsten Konto schlummert.

→ Girokonto

Prüfen Sie regelmäßig Ihr Girokonto: Wenn sich der Kontostand Richtung Monatsende immer nur knapp über dem Nullpunkt befindet oder ab und zu deutlich darunter rutscht, stocken Sie durch Sparen zunächst zumindest so weit auf, dass Sie nicht in den Dispo abrutschen. So können Sie sich eine Menge unnötige Zinsen sparen. Ein umfangreicher Vergleich der Stiftung Warentest hat 2016 ergeben, dass manche Banken trotz Niedrigzinsphase über 13 Prozent Dispozinsen verlangen. Bei den günstigsten Banken im Test war die Belastung mit unter 5 Prozent deutlich niedriger.

Mit Unterstützung für das Alter vorsorgen

Der Staat belohnt Vorsorgesparer mit Zulagen, Steuervorteilen und eingesparten Sozialabgaben. Die Auswahl will gut überlegt sein. Oft hilft auch der Arbeitgeber beim Sparen mit.

Zeigt Ihr Finanzcheck, dass Sie zunächst vor allem an die Altersvorsorge denken sollten, haben Sie einige Möglichkeiten, um mit staatlicher Hilfe für den Ruhestand vorzusorgen. Infrage kommen dafür die

- **Riester-Rente:** Hier profitieren Sie von direkten staatlichen Zulagen und eventuell von Steuervorteilen.
- **Betriebliche Altersvorsorge:** Wenn Sie einen Teil Ihres Gehalts in eine Betriebsrente investieren, sparen Sie Steuern und häufig auch Sozialabgaben.
- **Rürup-Rente:** Sie können durch Ihre Einzahlung in einen solchen Vertrag Steuern sparen.

Riester attraktiv für Familien

Auch wenn die Riester-Rente immer wieder in der Kritik steht und sie tatsächlich Schwächen hat: Es gibt eine Gruppe, für die Riester-Verträge auf jeden Fall interessant sind, und das sind Familien. Denn für sie bietet ein Riester-Vertrag dank der staatlichen Förderung ein enormes Potenzial. Grund dafür sind für Eltern vor allem die staatlichen Zulagen: Wer einen Riester-Vertrag abschließt, erhält derzeit selbst bis zu 154 Euro staatliche Zulage im Jahr. Diese Grundzulage soll 2018 auf 175 Euro jährlich steigen. Für ein Kind, das seit 2008 geboren wurde, erhält ein Elternteil sogar bis zu 300 Euro Zulage jährlich, für ältere Kinder bis zu 185 Euro. Die Zulage gibt es, solange der Anspruch auf Kindergeld besteht. Je nach Einkommen können noch Steuervorteile dazu kommen.

Riester-Verträge gibt es in Form von Rentenversicherungen, Bank- und Fondssparplänen. Dazu kommen diverse Möglichkeiten, Riester-Vermögen für eine Immobilienfinanzierung zu nutzen, beispielsweise in Form eines geförderten Bausparvertrags oder Immobiliendarlehens. Außerdem ist es möglich, bereits angespartes Riester-Vermögen, etwa in einer Rentenversicherung, für die Tilgung eines Immobiliendarlehens zu nutzen (siehe auch „Der Traum vom Eigenheim" ab S. 115).

Die Riester-Rente wird zwar allein nicht reichen, um im Alter die Lücke bei der gesetzlichen Rente zu schließen, doch gerade für Eltern kann sie ein wichtiger Baustein

Mein eigener Chef
Für Selbstständige kann ein Rürup-Vertrag eine Lösung sein, um mit staatlicher Unterstützung fürs Alter zu sparen. Prüfen Sie aber zunächst, ob Sie riestern können.

dafür sein. Vorteil aller Riester-Verträge: Ihre eingezahlten Beiträge und die staatliche Förderung sind Ihnen sicher, selbst dann, wenn etwa Ihre Fonds im Sparplan ins Minus rutschen.

Dennoch ist nicht jede Form der Riester-Rente gleich gut geeignet. Mit dem Abschluss einer Riester-Rentenversicherung sind enorme Kosten verbunden. Einen Riester-Bausparvertrag sollte nur abschließen, wer auch tatsächlich den Kauf oder Bau einer Immobilie plant. In dem Fall ist der Vertrag aber besonders gut geeignet. Für jüngere Leute ohne Immobilienpläne empfiehlt sich ein Riester-Fondssparplan, da mit ihm zumindest die Chance besteht, attraktive Renditen zu erzielen.

Wer dagegen auf Nummer sicher gehen wollte, für den waren lange Zeit Riester-Banksparpläne eine gute und vor allem kostengünstige Wahl. Die Banksparpläne werfen zwar nur minimale Zinsen ab, aber die sind den Sparern zumindest neben ihren Einzahlungen sicher. Außerdem konnten die Kunden hohen Abschlusskosten entgehen und problemlos auf das angesparte Vermögen zurückgreifen, wenn sie sich in einigen Jahren doch noch für eine Immobilie interessieren. Der Haken: Die Banken haben diese Sparpläne für Neukunden nahezu komplett vom Markt genommen, es gibt nur noch wenige Anbieter, die regional begrenzt einen solchen Sparplan mit Riester-Förderung anbieten. Damit wird der Neuabschluss immer schwieriger. Wer allerdings schon einen Vertrag hat, kann diesen weiter besparen.

Wer hat Anspruch auf die staatliche Unterstützung?

Einen direkten Anspruch auf die staatliche Förderung haben alle mit einer sozialversicherungspflichtigen Beschäftigung und Eltern in Elternzeit. Wer einen Minijob ausübt, kann die Förderung bekommen, wenn er aus eigener Tasche den Beitrag aufstockt, den der Arbeitgeber an die Rentenkasse zahlt. Minijobber, die einen Riester-Vertrag haben oder abschließen wollen, sollten sich also nicht von der eigenen Beitragspflicht zur Rentenkasse befreien lassen. Mehr zu den Minijob-Regeln ab S. 55.

Sonst bleibt Minijobbern wie Selbstständigen nur, die staatliche Förderung über ihren Ehepartner oder eingetragenen Lebenspartner zu bekommen. Voraussetzung dafür ist, dass der Partner einen direkten Anspruch auf die staatliche Förderung hat und selbst einen Vertrag abgeschlossen hat. Dann kann derjenige ohne direkten Anspruch auf die staatliche Förderung auch einen Vertrag abschließen und über den Ehepartner doch noch von der staatlichen Unterstützung profitieren.

Ein Elternteil kann die Kinderzulagen für sein Riester-Konto bekommen. Wenn die Frau aller Voraussicht nach die niedrigere gesetzliche Rente haben wird, sollte sie die staatliche Zulagen, die für den Nachwuchs gezahlt werden, für ihren Riester-Vertrag gutgeschrieben bekommen.

Eine Voraussetzung für die Zahlung der Zulagen ist, dass jährlich mindestens 60 Euro – also 5 Euro im Monat – in den jeweiligen Vertrag eingezahlt werden. Staatlich gefördert werden Einzahlungen bis zu 2 100 Euro im Jahr – inklusive der gezahlten Zulagen. Haben beide Partner direkten Anspruch auf die Förderung, können sie beide bis zur Höchstgrenze in den Vertrag einzahlen. Hat nur ein Partner den direkten Förderanspruch, kann das Paar zusammen bis zu 2 160 Euro im Jahr aufbringen. Wie dieser Wert unter beiden Partnern aufgeteilt wird, ist egal – Hauptsache die Mindestzahlung von 60 Euro im Jahr je Vertrag wird berücksichtigt.

30 SEKUNDEN FAKTEN

16,5 MILLIONEN

Riester-Verträge gab es Ende März 2017, rund 28 000 weniger als Ende 2016.

10,9 MILLIONEN

Verträge für eine Riester-Rentenversicherung gibt es. Die Zahl der Verträge geht aber seit einigen Jahren zurück.

20 %

der Riester-Verträge ruhen nach Schätzungen des Bundesarbeitsministeriums derzeit, sodass hier keine weiteren Beiträge eingezahlt werden.

Quelle: Bundesarbeitsministerium

Hohe Zulagen schon bei niedriger Einzahlung

Die Riester-Zulagen in voller Höhe bekommt der Kunde, wenn inklusive der staatlichen Zulagen mindestens 4 Prozent des sozialversicherungspflichtigen Bruttoeinkommens aus dem Vorjahr in den Riester-Vertrag eingezahlt werden.

Beispiel: Julia ist zweifache Mutter. 2017 verdient sie 24 000 Euro brutto. Somit müssen 2018 960 Euro (4 Prozent der 24 000 Euro) in ihren Riester-Banksparvertrag fließen, damit sie für sich und ihre zwei Kinder die Zulagen in voller Höhe erhält. Als zweifache Mutter kann sie ab 2018 bis zu 775 Euro staatliche Zulage bekommen. Sie müsste also selbst nur noch 185 Euro aufbringen, um die vollen Zulagen zu kassieren. Umgerechnet sind das keine 16 Euro im Monat.

Wer etwa aufgrund von Elternzeit im Vorjahr kein Einkommen hatte, erhält schon beim Mindestbeitrag von 60 Euro die vollen Zulagen.

Wenn Sie im Vorjahr zunächst einige Zeit Elterngeld erhalten und danach in Teilzeit Geld verdient haben, zählt nur der Verdienst aus dem Teilzeitjob, wenn überprüft wird, ob mindestens 4 Prozent Ihres Einkommens in den Vertrag geflossen sind. Gerade in Zeiten ohne eigenen Verdienst oder auch bei Teilzeit stehen somit die Chancen gut, schon mit einem geringen Eigenbeitrag oder sogar nur mit dem Mindestbeitrag von 60 Euro im Jahr die vollen staatlichen Zulagen zu bekommen.

Wer kennt sich aus?

Für wen ist ein Riester-Vertrag überhaupt noch geeignet? Welche Produkte kommen je nach Lebenssituation infrage? Wo haben sie Stärken und Schwächen? Die aktuellen Testergebnisse und wichtige Hintergrundinformationen finden Sie unter www.test.de/riester. Mehr lesen Sie außerdem auf der Seite des Bundesarbeitsministeriums: www.bmas.de (Rubrik Themen, dann „Rente“ und „zusätzliche Altersvorsorge“).

Beispiel: Sarah hat bis Mitte April 2017 Elterngeld für ihren Sohn bekommen. Seither arbeitet die zweifache Mutter 20 Stunden pro Woche. 2017 hat sie brutto 17 000 Euro verdient. In ihren Riester-Vertrag müssen für das Jahr 2018 somit 680 Euro (4 Prozent von 17 000 Euro) fließen, damit es die vollen Zulagen gibt. Wenn man die vollen Kinderzulagen (2 mal 300 Euro) sowie ihre eigene Zulage (175 Euro) berücksichtigt, überspringt sie diese Grenze bereits. Deshalb muss sie nur die geforderte Mindestsumme von 60 Euro aus eigener Tasche aufbringen, um insgesamt 775 Euro vom Staat geschenkt zu bekommen.

Hätte sie nur ein Kind anstatt zwei, müsste sie zwar insgesamt 205 Euro im Jahr selbst zahlen, um die vollen Zulagen zu erhalten. Doch auch in dem Fall wäre sie schon mit etwas mehr als 17 Euro im Monat dabei, um vom Staat immerhin noch 475 Euro geschenkt zu bekommen.

Die Riester-Rente, die sich aus so niedrigen Einzahlungen ergibt, wird allerdings eher mäßig ausfallen – höhere Einzahlungen bringen mehr.

Verbesserungen für Betriebsrente

Die zweite Form der geförderten Altersvorsorge – die Vorsorge über den Betrieb – ist vor allem dann interessant, wenn Sie einen sicheren Arbeitsplatz haben und wenn Ihr Arbeitgeber Ihren eigenen Beitrag für die Betriebsrente noch aufstockt. Insgesamt lohnt sich die Betriebsrente derzeit vor allem für Mitarbeiter größerer Unternehmen, wenn der Arbeitgeber einen günstigen Gruppentarif mit dem Versorgungsträger vereinbaren kann.

Hilfreich ist es außerdem, wenn Sie davon ausgehen, dass Sie Ihren Arbeitgeber voraussichtlich nicht wechseln werden. Denn nach einem Jobwechsel haben Sie zwar einen Rechtsanspruch darauf, Ihr angespartes Guthaben mitzunehmen, nicht aber, Ihren bisherigen Vertrag fortzuführen. Der neue Arbeitgeber ist nur verpflichtet, Ihr Guthaben in eines seiner Versorgungssysteme einzuzahlen. Damit können Sie nicht sicher sein, die bisherigen Konditionen zu behalten.

Es gibt fünf verschiedene Formen der betrieblichen Vorsorge, darunter zum Beispiel Direktversicherung und Pensionskasse. Der Arbeitgeber wählt das jeweilige Modell und den Anbieter aus. Sie als Mitarbeiter haben einen Rechtsanspruch auf Entgeltumwandlung und können nun den Arbeitgeber beauftragen, einen Teil Ihres Verdienstes steuer- und sozialabgabenfrei in den Vorsorgevertrag einzuzahlen. Für 2017 bleiben Einzahlungen bis 3 048 Euro abgabenfrei. Bei Verträgen, die ab 2005 geschlossen wurden, ist es in der Regel möglich, weitere 1 800 Euro zwar nicht sozialabgabenfrei, aber immerhin steuerfrei vom Gehalt abzuzweigen und in die Vorsorge zu investieren.

Ein Haken bei der betrieblichen Altersvorsorge: Bisher können vor allem Geringverdiener und Mitarbeiter in kleineren und mittleren Unternehmen nicht so häufig von dieser Form der geförderten Altersvorsorge profitieren. Dies soll sich durch einige Gesetzänderungen verbessern. Neu ist zum Beispiel, dass der Arbeitgeber ab 2019 bei neuen Verträgen mindestens 15 Prozent der eigenen Einzahlung dazugeben muss, ab 2022 auch bei bestehenden Verträgen.

Eine weitere Veränderung zugunsten der sparenden Arbeitnehmer: Betriebs- und Riester-Renten sollen im Alter zumindest bis zu einer Grenze von rund 200 Euro im Monat nicht angerechnet werden, wenn jemand auf Grundsicherung im Alter – also auf Unterstützung vom Staat – angewiesen ist. Derzeit ist es noch so, dass solche zusätzlichen Renten vom ersten Euro an dafür sorgen, dass die Grundsicherung schrumpft.

→ Gebunden bis Laufzeitende

An das Geld, das Sie über den Betrieb ansparen, kommen Sie aber tatsächlich erst zum vertraglich vereinbarten Zeitpunkt heran. Die Investition ist also alles andere als flexibel. Wenn Sie beispielsweise Geld für eine Immobilie benötigen, sind Sie mit einem Riester-Vertrag besser bedient, da Sie hier vorzeitig das Ersparte für eine Immobilie abziehen können.

Rürup-Rente kein Familienprodukt

Die Rürup-Rente ist dagegen gerade für junge Familien kaum interessant. In der Regel handelt es sich bei den Rürup-Verträgen um Rentenversicherungen. Mit den Beiträgen für einen solchen Vorsorgevertrag können Sie zwar Steuern sparen, doch diese Ersparnis lohnt sich aufgrund der Steuerregeln eher für ältere Sparer, die nicht mehr lange bis zum Ruhestand haben. Außerdem gilt: Je höher das Einkommen, desto größer ist die Steuerersparnis.

Nur wenn Sie selbstständig sind und keine andere Möglichkeit haben, um mit staatlicher Förderung für später vorzusorgen, kann eine Rürup-Rente auch in jüngeren Jahren interessant sein. Sie sollten sich allerdings ziemlich sicher sein, dass Sie die Beiträge für den Rürup-Vertrag auf Dauer aufbringen können und ihn nicht vorzeitig kündigen müssen. Denn in dem Fall machen Sie Verluste. Je nach finanzieller Lage empfiehlt es sich deshalb, eher auf flexiblere Anlagen zu setzen. Mehr Informationen zu Chancen, aber eben auch zu den Risiken der Rürup-Verträge lesen Sie unter www.test.de/ruerup.

Hilfe von Staat und Chef

Nicht nur der Staat unterstützt beim Sparen, häufig auch der Arbeitgeber! Das gilt für immerhin rund 20 Millionen Beschäftigte in Deutschland, die laut Betriebsvereinbarung oder Tarifvertrag Anspruch auf sogenannte vermögenswirksame Leistungen (VL) haben. Je nach Branche können Angestellte bis zu 40 Euro im Monat als Geschenk vom Arbeitgeber erhalten. Dieses Geld und eigene Zahlungen fließen dann zum Beispiel in einen Bausparvertrag, einen Bank- oder Fondssparplan oder in die Tilgung eines Immobilienkredits.

Sparer mit niedrigem Einkommen können zusätzlich Geld vom Staat bekommen: Hat ein Ehepaar zum Beispiel ein zu versteuerndes Einkommen von höchstens 40 000 Euro im Jahr, kann es die Arbeitnehmersparzulage von bis zu 160 Euro erhalten. Bei dieser möglichen Unterstützung von Arbeitgeber und Staat lohnt es sich zumindest, dass Sie einmal beim Arbeitgeber nachhaken, wenn Sie nicht sicher sind, ob Sie Anspruch auf die Leistungen haben.

Mehr zu den Angeboten und Förderbedingungen lesen Sie auf der Homepage der Stiftung Warentest: www.test.de, Stichwort: Vermögenswirksame Leistungen.

Geldanlage auf eigene Faust

Auch ohne staatliche Förderung bieten Banken und Versicherer noch eine Menge für Geldanlage und Altersvorsorge an. Fragen Sie sich vor jeder Investition: Passt das zu meinen Sparzielen?

Sichere Sparprodukte der Banken, Börseninvestments, Versicherungen und Immobilien: Wollen Sie ohne staatliche Förderung Geld anlegen, kommen dafür Angebote aus diesen Gruppen infrage. Die Immobilien lassen sich noch unterscheiden in „vermietet" und „selbst genutzt".

An dieser Stelle können wir Ihnen nur einen ersten Überblick über die möglichen Produkte, ihre Chancen und ihre Risiken bieten. Unabhängig davon sollten Sie die aktuellen Entwicklungen an den Aktienmärkten und in der Zinspolitik unbedingt im Auge behalten, um wenn nötig kurzfristig darauf reagieren zu können. In den Monatsheften von Finanztest und unter www.test.de finden Sie dann Tipps und Hilfestellungen für Ihre Geldanlage in der jeweils aktuellen Situation.

Sicherheit hat ihren Preis

Für Anleger, die ihr Geld absolut sicher investieren wollen, kommen zum einen Versicherungen infrage, zum anderen die Sparprodukte der Banken.

Für die Altersvorsorge bieten die Versicherungsunternehmen private Rentenversicherungen an. Gerade für junge Familien sollten diese Produkte aber nicht erste Wahl sein, da mit dem Vertragsabschluss hohe Kosten verbunden sind. Dazu kommt, dass die sicheren Renditen der „klassischen" Verträge in den letzten Jahren immer weiter gesunken sind. Heute gibt es für klassische Renten- und Kapitallebensversicherungen gerade noch 0,9 Prozent Garantiezins – und das nicht einmal für die gesamten Einzahlungen, sondern nur für das, was nach Abzug der Kosten für Verwaltung und Vertragsabschluss übrig bleibt. Das Geld der Kunden investieren die Versicherer in Zinsprodukte.

Mehrere Versicherer verzichten mittlerweile sogar auf Verträge mit Garantieverzinsung. Sie garantieren nur noch, die gezahlten Beiträge zu erhalten und stellen im Gegenzug höhere Überschüsse in Aussicht, an denen sie die Kunden dann beteiligen. Es ist jedoch ungewiss, wie hoch diese ausfallen.

Alternativ besteht die Möglichkeit, sich für eine fondsgebundene Rentenversicherung zu entscheiden. Dann fließt das Geld der Kunden in Investmentfonds. Wenn die Aktienmärkte sich gut entwickeln, können die Kunden damit mehr herausholen als mit einer klassischen Police. Allerdings besteht je nach Entwicklung an den Börsen auch ein Verlustrisiko, sodass Sie am Ende eventuell weniger aus Ihrem Vertrag herausbekommen als Sie eingezahlt haben. Auch der Abschluss einer solchen Police ist in der Regel mit hohen Kosten verbunden. Wenn Sie sich dafür interessieren, sollten Sie nach einem günstigen Angebot suchen, etwa bei einem Internetversicherer, oder sich die Hilfe eines Honorarberaters holen.

Für jüngere Anleger kommt ein weiterer Nachteil hinzu: Wählen Sie eine Rentenversicherung, binden Sie sich über viele Jahre an den Vertrag. Ist es Ihnen nicht möglich, die Beiträge in dieser langen Zeit aufzubringen oder wollen Sie nicht weiter zahlen, können Sie zwar den Vertrag kündigen, doch Sie machen so auf jeden Fall Verlust.

Wer sich trotz der Nachteile für eine Rentenversicherung interessiert, sollte sich zuerst nach einem passenden Riester-Angebot umsehen. Dank der staatlichen Förderung lässt sich hier mehr herausholen als aus einem ungeförderten Vertrag. Insgesamt lohnt es sich aber gerade in jüngeren Jahren, finanziell flexibel zu bleiben und etwa in Sparprodukte der Banken oder in Fonds zu investieren. Eine Versicherung können Sie später immer noch abschließen.

Mehr Flexibilität mit Sparprodukten der Banken

Für sicherheitsbewusste Anleger, die flexibel bleiben wollen, kommen die Sparprodukte der Banken infrage. Das gilt auch für diejenigen, die zu einem Tag X eine bestimmte Summe benötigen, etwa als Eigenkapital für ihre Immobilie.

Wenn Sie kurz- oder mittelfristig investieren wollen, können Sie zum Beispiel ein Tagesgeldkonto für Notfälle eröffnen, Geld in längerfristigen Festgeldern und Sparbriefen anlegen oder regelmäßig in einen Banksparplan einzahlen. Diese Anlagen sind nicht nur sicher, sondern zudem sehr bequem. Allerdings haben auch hier Sicherheit und Flexibilität ihren Preis: Die Zinsen für diese Produkte sind derzeit sehr niedrig. Sie gleichen häufig nicht einmal die Inflationsrate aus.

Sie gehören noch zu den Kunden, die aus früheren Jahren eine Kapitallebensversicherung haben – mit einer garantierten Verzinsung von zum Beispiel 3 oder sogar 4 Prozent? Dann freuen Sie sich und halten den Vertrag wenn möglich bis zum Ende der Laufzeit durch. Wenn Sie vorzeitig kündigen, machen Sie Verluste. Der Neuabschluss einer Kapitallebensversicherung empfiehlt sich dagegen nicht mehr.

Bei der Flexibilität gibt es Unterschiede: An das Geld auf einem Tagesgeldkonto können Sie täglich heran, an Festgelder erst zum Ende der vereinbarten Laufzeit. Diese kann zum Beispiel ein halbes Jahr, ein Jahr, drei Jahre oder noch mehr betragen. Dabei gilt die Faustregel: Je länger die Laufzeit, desto höher die Zinsen.

Gerade in der aktuellen Niedrigzinsphase sollten Sie sich jedoch nicht länger als drei Jahre an ein solches Angebot binden. Denn sollten die Zinsen steigen, läuft das womöglich an Ihnen vorbei, weil Sie nicht an Ihr Geld kommen. Eine gute Idee ist, das Geld häppchenweise zu investieren, zum Beispiel 1000 Euro für 5 Jahre festzulegen, 1000 Euro für 4 Jahre, 1000 für 3 und so weiter. Dann wird jedes Jahr ein 1000-Euro-Festgeld fällig, das Sie zu den dann gültigen Konditionen wieder auf 5 Jahre anlegen können. Auf diese Weise ist immer ein Teilbetrag flüssig, und trotzdem müssen Sie sich nicht mit den mickrigen Zinsen für einjährige Anlagen begnügen.

Schutz vor Bankenpleite

Sie sind auf der Suche nach den besten Zinsen und schauen dafür auch die aktuellen Zinstests der Stiftung Warentest an? Dann werden Sie die Namen vieler ausländischer Banken lesen, die Ihnen vermutlich kaum etwas sagen werden, wenn Sie sich nicht regelmäßig mit Sparangeboten beschäftigen.

Zu den jeweils genannten Banken werden Sie auch immer einen Hinweis zur sogenannten Einlagensicherung finden. Dieser ist wichtig, um einschätzen zu können, wie Ihr Geld geschützt ist, falls die Bank pleitegehen sollte. Anleger, die in einem EU-Land bis zu 100 000 Euro in Tages- oder Festgeld investieren, gehen theoretisch kein Risiko ein: Bei einer Bankenpleite müssen Sie auf jeden Fall entschädigt werden, ganz gleich, um welches EU-Land es geht.

Allerdings steht die Einlagensicherung in einigen Ländern auf wackeligen Füßen. Daher schaffen es in die Zinsvergleiche von Finanztest nur Angebote von Banken aus Ländern, die von Ratingagenturen Bestnoten für ihre Wirtschaftskraft erhalten.. Dazu zählen neben Deutschland zum Beispiel Großbritannien, die Niederlande, Österreich und Schweden.

In Großbritannien ist seit Januar 2017 der Gegenwert von 85 000 Pfund abgesichert. Je nach dem Wechselkurs des britischen Pfunds können das auch weniger als 100 000 Euro sein.

Viele Kreditinstitute in Deutschland garantieren übrigens über zusätzliche Sicherungssysteme deutlich höhere Beträge als die genannten 100 000 Euro pro Sparer.

Mehr herausholen mit Fonds

So schön und wichtig die Sicherheit der Geldanlagen häufig ist – sonderlich attraktiv ist es nicht, wenn aus 10 000 Euro Sparsumme am Jahresende gerade einmal 10 100 oder ein bisschen mehr werden. Wenn Sie mehr herausholen wollen, kommen Sie an Investmentfonds nicht vorbei. Vor allem mit einem Fonds, der in Aktien investiert, stehen die Chancen sehr gut, auf lange Sicht eine ordentliche Rendite zu erzielen, die deutlich über den Zinsen der sicheren Sparprodukte liegt.

Doch was genau ist eigentlich ein Investmentfonds – kurz Fonds genannt? Beim Fonds zahlen viele Anleger Geld in einen gemeinsamen Topf ein. Das Management des Fonds kauft für dieses Geld Wertpapiere. Kauft der Fonds überwiegend Aktien, spricht man von einem Aktienfonds. Investiert er das Geld in Anleihen, handelt es sich um einen Rentenfonds. Fließt das Geld sowohl in Aktien als auch in Anleihen, ist die Rede von einem Mischfonds. Daneben gibt es noch offene Immobilienfonds. Sie investieren in Bürogebäude, Shoppingcenter oder Hotels.

Wer kennt sich aus?

Welcher Fonds kommt infrage?
Wie bestücke ich mein Depot? Wie finde ich den „Pantoffel", der zu mir passt? Hilfe bei der Fondsauswahl bietet der Produktfinder Investmentfonds, den Sie unter www.test.de finden. Unter www.test.de/pantoffel-portfolio erfahren Sie alles rund um das Pantoffel-Portfolio – wie Sie es aufbauen und wie Sie es über die Jahre hinweg pflegen sollten.

Investieren auf die lange Sicht

Die Aussicht auf eine attraktive Rendite ist verlockend. Beachten Sie aber, dass Sie mit Fonds auch Verluste machen können. Denn wenn Sie sich für einen Aktienfonds entschieden haben und es an den Börsen bergab geht, verlieren Ihre Anteile an Wert. Ungünstig wäre es, wenn Sie genau dann Ihre Fondsanteile verkaufen müssen, weil Sie dringend Geld flüssigmachen müssen.

Deshalb gilt: Zahlen Sie in Fonds nur Geld ein, auf das Sie langfristig verzichten können, damit Sie ein zwischenzeitliches Börsentief aussitzen können. Investmentfonds sind nicht geeignet, um sich ein Sicherheitspolster für Notfälle anzulegen oder Eigenkapital für den Immobilienerwerb in drei oder fünf Jahren anzusparen.

Wenn Sie aber mehr Zeit haben, zum Beispiel das Geld in den nächsten zehn oder noch besser 15 Jahren nicht benötigen, können Sie den Schritt zu den Fonds wagen. Zumal das Verlustrisiko hier auch geringer ist, als wenn Sie nur Aktien einzelner Unternehmen kaufen. Ein Aktienfonds streut die eingesammelten Anlegergelder auf viele verschiedene Aktien. Falls eine davon Verlust macht, lässt sich das leichter durch andere, erfolgreiche Aktien ausgleichen.

Für die langfristige Geldanlage und Altersvorsorge eignen sich am besten sehr

Bequem wie ein Pantoffel
Wenn Sie sich einmal um ein Depot mit den passenden ETF gekümmert haben, müssen Sie sich anschließend wenig mit Ihrer Geldanlage beschäftigen. Die Depot-Vorschläge der Stiftung Warentest sind zum Teil auch für Einsteiger geeignet.

breit streuende Fonds, die die Kundengelder über verschiedene Branchen und Länder verteilen und damit auch das Risiko weiter verteilen. Solche Fonds nennen sich beispielsweise Aktienfonds Welt und eignen sich sogar für Börsenneulinge.

Vermeiden Sie zu einseitige Investments. Zahlreiche Anleger haben Anfang des Jahrtausends, zur Zeit der New Economy, viel Geld verloren, weil sie ausschließlich auf Internet- und Telekomwerte gesetzt haben.

Bequem auf den Index setzen

Für Anleger, die wenig Zeit mit der Geldanlage verbringen wollen, eignen sich am besten börsengehandelte Indexfonds, die „Exchange Traded Funds", kurz ETF. Diese Fonds bilden in der Regel einen Index ab, etwa den Dax oder den weltweiten Index MSCI World.

Das Prinzip dahinter: Der Index „Dax" misst die Wertentwicklung der 30 größten Aktiengesellschaften am deutschen Markt. Ein Indexfonds auf den Dax kopiert den Verlauf der Aktien dieser Unternehmen.

Damit funktionieren ETF anders als die „aktiv gemanagten Fonds". Dort gibt es einen Fondsmanager, der aktiv die Titel auswählt, in die das Geld der Einzahler fließt. Bei aktiv gemanagten Fonds hängt es somit nicht nur vom Börsenverlauf, sondern auch von den Entscheidungen des Managements ab, ob der Fonds gut läuft oder nicht.

Im Vergleich zu aktiv gemanagten Fonds sind ETF, die einfach dem jeweiligen Markt folgen, vergleichsweise günstig zu bekommen und bequemer. Außerdem sind ETF komfortabler, weil Sie deren Qualität nicht regelmäßig überprüfen müssen wie bei aktiv gemanagten Fonds.

Sie können Fonds über jede Bank an der Börse kaufen. Möglich sind Einmalanlagen oder Sparpläne für ETF, in die Sie zum Beispiel jeden Monat eine bestimmte Summe ab 25 oder 50 Euro einzahlen. Sind Sie vorübergehend knapp bei Kasse, können Sie die Einzahlungen auch ändern oder aussetzen. Auch ETF bekommen Sie bei jeder Bank. ETF-Sparpläne gibt es aber nicht überall.

Um das Risiko so gering wie möglich zu halten, sollten Sie Indexfonds wählen, die einen weltweiten Index wie den MSCI World abbilden oder sich zumindest auf den europäischen Markt beziehen. Ein Index auf den deutschen Aktienindex Dax bedeutet hingegen ein höheres Risiko, da sich in diesem Index nur deutsche Aktien befinden.

Den passenden Fonds finden

Doch welcher Fonds ist für mich am besten geeignet? Die Stiftung Warentest bewertet regelmäßig aktiv gemanagte Fonds und ETF. Außerdem hat sie die sogenannten Pantoffel-Portfolios entwickelt – Depotvorschläge für bequeme Anleger, die sowohl in Aktien- als auch in sichere Zinsanlagen investieren.

Entscheiden Sie sich zum Beispiel für den „Welt-Pantoffel", der auch für Börsenneulinge geeignet ist, kaufen Sie Anteile an einem Aktienfonds Welt und an einem Rentenfonds Staatsanleihen Euroland. Dieser Rentenfonds sorgt für die nötige Sicherheit in Ihrem Depot, um das Verlustrisiko insgesamt weiter zu begrenzen. Das Pantoffel-Portfolio wird mit ETF bestückt. Statt Rentenfonds können Anleger als Sicherheitsbaustein auch Tagesgeld wählen. Welche Fonds für das Depot empfohlen werden, zeigt die Übersicht unten.

Der Welt-Pantoffel

Geeignet für alle Anlegertypen als Basisanlage, vor allem für Sparer, die wenig Fondserfahrung mitbringen oder nur eine geringe Summe investieren wollen.

Bestandteile	1. Aktienfonds Welt	2. Rentenfonds Staatsanleihen Euroland
Fonds zur Wahl	Es kommen ETF auf den Weltaktienindex MSCI World infrage. Diese gibt es von verschiedenen Anbietern: Amundi (Isin*: FR 001 075 609 8) db x-trackers (LU 027 420 869 2) iShares (IE 00B 4L5Y98 3) Lyxor (FR 001 031 577 0) Source (IE 00B 60S X39 4) UBS (LU 034 028 516 1)	Für den Sicherheitsbaustein haben Anleger die Wahl zwischen drei Anbietern von ETF auf Euro-Staatsanleihen-Indizes: db x-trackers (LU 029 035 571 7) iShares (DE 000 A0H 078 5)
Aufbau	Je nach Risikobereitschaft mit 25, 50 oder 75 % Aktienfonds.	

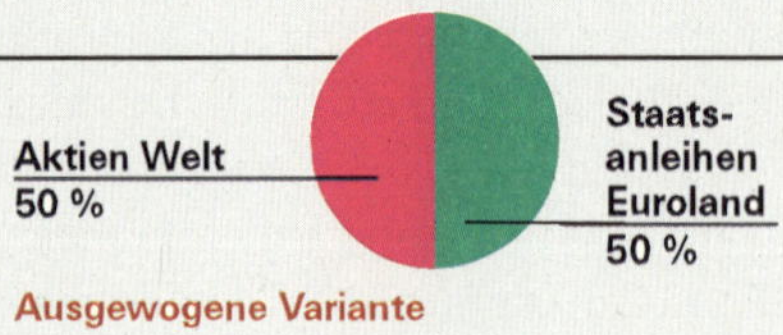

*Abkürzung für „International Securities Identification Number", eine Art Bestellnummer für Wertpapiere.

Die Stiftung Warentest hat Depotvorschläge in sicherer, ausgewogener und riskanter Form zusammengestellt. Die ausgewogene Variante vom Welt-Pantoffel: Sie investieren jeweils gleich viel Geld in einen Aktien-ETF und in einen Renten-ETF. Wenn Sie es sicherer wollen, kaufen Sie zu 75 Prozent Anteile am Rentenfonds und nur zu 25 Prozent Anteile am Aktienfonds. Wenn Sie sich ein höheres Risiko leisten können und wollen, wäre eine Aufteilung Ihres Anlagebetrags in 75 Prozent Aktien- und 25 Prozent Rentenfonds denkbar.

Neben dem Welt-Pantoffel gibt es weitere Depotvorschläge, die zum Teil ein größeres Risiko bedeuten und nicht unbedingt für Börseneinsteiger geeignet sind. Dazu gehört zum Beispiel der sogenannte „Tiger-Pantoffel". Er setzt sich aus einem Aktienfonds Welt, einem Rentenfonds und einem Aktienfonds Schwellenländer zusammen (siehe Übersicht unten). Das macht ihn ein bisschen schwieriger als die Zwei-Fonds-Modelle. Damit wäre dieser Depotvorschlag eher etwas für Fortgeschrittene, die auch in der Lage sind, größere Beträge zu investieren.

Der Tiger-Pantoffel

Ein Portfolio mit drei Fonds ist aufwendiger als eines mit zwei. Wegen der Gebühren bei der Anpassung eignet sich der Tiger-Pantoffel nur für größere Beträge.

Bestandteile	**1. Aktienfonds Welt**	**2. Rentenfonds Staatsanleihen Euroland**	**3. Aktienfonds Schwellenländer (Emerging Markets)**
Fonds zur Wahl	Infrage kommen dieselben ETF auf den Index MSCI World wie beim Welt-Pantoffel links.	Auch hier kommen dieselben Rentenfonds auf Euro-Staatsanleihen-Indizes infrage wie beim Welt-Pantoffel links.	ETF auf den Schwellenländerindex MSCI Emerging Markets: db x-trackers (LU 029 210 764 5) iShares (DE 000 A0Y BR4 6) Lyxor (FR 001 042 906 8)
Aufbau	Je nach Risikobereitschaft mit 20, 40 oder 60 % Aktienfonds Welt sowie 5, 10 oder 15 % Schwellenländerfonds. Das restliche Geld fließt in die Rentenfonds. Geeignet für Anleger mit größeren Depots auf der Suche nach Zusatzrendite.	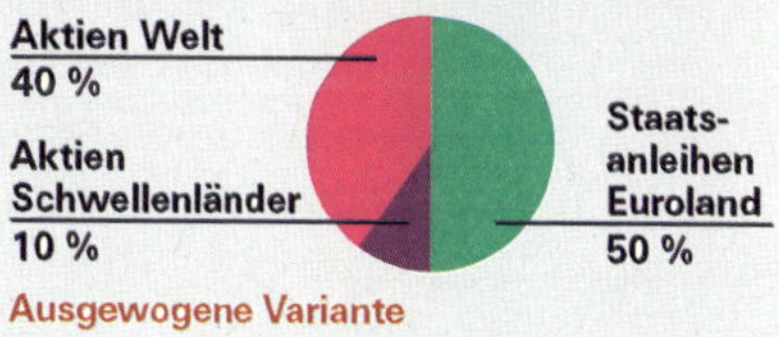	

Geld anlegen für die Kinder

Noch ist Ihr Kind klein, aber irgendwann will es den Führerschein machen oder zum Studium ins Ausland. Gut, wenn Sie dafür frühzeitig Geld zurücklegen.

Sie haben diverse Babybadetücher, Rasseln und Greiflinge im Schrank? Dann sind Sie vermutlich froh, wenn Ihnen jemand nach der Geburt etwas anderes für Ihre Tochter oder Ihren Sohn schenken will: „Hat denn euer Kind schon ein Konto? Dann überweisen wir was." Spätestens zur Taufe oder zum ersten Geburtstag werden viele Paten, Großeltern und Verwandte dieses Thema häufig ansprechen.

Und es lohnt sich, wenn Sie auf die Frage nach dem Konto mit „Ja" antworten können. Denn je früher Sie mit dem Sparen für Ihre Kinder beginnen, desto mehr spielt die Zeit für Sie. Der Zinseszinseffekt macht sich auch hier bemerkbar. Am meisten lohnt es sich, wenn Sie regelmäßig einzahlen.

Beispiel: Jonathans Oma zweigt ab dem ersten Geburtstag ihres Enkels jeden Monat 25 Euro von ihrer Rente ab und zahlt sie auf sein Konto ein. Selbst wenn das Geld die gesamte Zeit über nur mit 1 Prozent verzinst wird, hat Jonathan zu seinem 18. Geburtstag immerhin 5 559 Euro beisammen. Legen seine Eltern in den 17 Jahren vom ersten Geburtstag bis zur Volljährigkeit jeden Monat 50 Euro dazu, ist er mit 18 Jahren immerhin schon bei 16 677 Euro.

Mehr Chancen mit Fonds

Noch größer könnte sein Finanzpolster sein, wenn die Familie das Geld nicht nur in sichere Geldanlagen investiert, sondern beispielsweise in einen Sparplan auf Indexfonds einzahlt. Eine solche Investition bedeutet zwar mehr Risiko, ist aber durchaus möglich, schließlich soll das Geld nicht gleich, sondern erst in mehreren Jahren zur Verfügung stehen. Fließen die 25 Euro der Oma jeden Monat zwischen dem 1. und dem 18. Geburtstag in einen Aktienfonds Welt, der im Schnitt 6 Prozent Rendite jährlich erwirtschaftet, ist Jonathan bei Volljährigkeit nicht bei knapp 5 560 Euro, sondern bei 8 736 Euro. Aus 75 Euro monatlich von Oma und Eltern wären bei Volljährigkeit bereits 26 209 Euro geworden. Damit ließe sich weit mehr als nur der Führerschein oder ein Auslandsjahr finanzieren.

Wird das Geld unbedingt zu einem ganz bestimmten Tag gebraucht, sollten Sie die Entwicklung an den Börsen in den Monaten davor gut beobachten. Wenn die Lage an den Märkten gerade günstig ist, sollten Sie die Fondsanteile eventuell etwas früher als ursprünglich geplant zurückgeben. Noch günstiger wäre es, wenn das Geld in den

Statt Spielzeug
Es muss nicht immer Puppe oder Roller sein: Wenn Sie sich für Geldgeschenke entscheiden und auf lange Sicht sparen, kommen auch etwas riskantere Investments infrage.

Fonds nicht zwingend zu einem bestimmten Termin benötigt wird. Es wäre ärgerlich, wenn die Anteile genau zu dem Zeitpunkt an Wert verloren haben. Vielleicht finden Sie dann familienintern eine Lösung, Ihrem Kind das benötigte Geld für Führerschein oder Studienbeginn so lange vorzustrecken, bis die Märkte sich etwas erholt haben, Ihr Nachwuchs seine Anteile zu einem guten Wert verkaufen und Ihnen dann das Geld zurückzahlen kann.

→ Aktienfonds Welt

Um das Verlustrisiko so gering wie möglich zu halten, sollten Eltern, die für Ihre Kinder in Fonds investieren wollen, einen breit streuenden Aktienfonds Welt wählen. Entscheiden Sie sich für einen Indexfonds, haben Sie im Normalfall kaum Mühe mit der Investition. Beispiele für Fonds, die infrage kommen, finden Sie im „Welt-Pantoffel", den wir auf S. 110 vorstellen sowie im Produktfinder „Investmentfonds" unter www.test.de.

Der Wunsch nach Sicherheit

Wollen Sie bei der Geldanlage für Ihr Kind jegliches Risiko umgehen, können Sie zunächst bei Ihrer Hausbank nach einem speziellen Konto oder Sparplan für Kinder fragen. Meist bieten die Direktbanken etwas mehr Rendite als die Filialbanken. Allerdings ist es nicht immer möglich, beispielsweise ein Festgeldkonto für ein Kind zu eröffnen. Im Produktfinder „Festgeld" der Stiftung Warentest können Sie daher den Filter „Angebot auch für Minderjährige" auswählen und direkt vergleichen, was infrage kommt. Eine Alternative wäre, dass Sie das Geld zunächst auf Ihren Namen anlegen.

Eine Alternative zu den Bankangeboten können Sparpläne oder Konten bei Wohnungsgenossenschaften sein. Viele bieten ihren Mitgliedern und deren Angehörigen nicht nur Wohnungen an, sondern auch Sparangebote. Das bedeutet: Um Geld anlegen zu können, müssten Sie zwar Mitglied der Genossenschaft werden und Geschäftsanteile erwerben. Doch das muss kein Nachteil sein, denn viele Genossenschaften zahlen für die Anteile eine Dividende. Wenn Sie

Einen Haken können hohe Kapitalerträge aber doch haben: Erzielt Ihr Kind Erträge über 425 Euro (Stand: 2017) im Monat, können Sie es nicht mehr beitragsfrei in Ihrer gesetzlichen Krankenkasse mitversichern. Dann müsste es selbst Mitglied einer Krankenkasse werden und für sein Einkommen Beiträge zahlen. Beachten Sie daher diese Grenze von 425 Euro monatlich, wenn Ihre Familie gesetzlich krankenversichert ist.

später aus der Genossenschaft austreten, erhalten Sie das Geld für Ihre Anteile zurück.

Solange Sie Mitglied sind, können Sie und Ihre Kinder aber die Sparmöglichkeiten der Gemeinschaft nutzen.

Erkundigen Sie sich am besten bei den Genossenschaften Ihrer Region nach den Konditionen für Anteilskauf und Sparen und vergleichen Sie diese mit anderen Anlagemöglichkeiten.

Keine Ausbildungsversicherung

Auf eine Ausbildungsversicherung für die Kinder sollten Sie oder die Großeltern hingegen eher verzichten. Meist handelt es sich um kapitalbildende Lebens- oder Rentenversicherungen. Der Vertragsabschluss ist mit hohen Kosten verbunden.

Auch von einer Unfallversicherung, die mit einem Sparplan kombiniert ist, sollten Sie die Finger lassen. Besser ist es, den Risikoschutz und das Sparen voneinander zu trennen. Schließen Sie zum Schutz Ihrer Kinder eine Risikolebensversicherung für sich und Ihren Partner und – wenn Ihnen der Schutz wichtig ist – eine Unfallversicherung für Ihr Kind ab und legen Sie wie oben beschrieben separat Geld für später zurück. Einen Überblick zu den geeigneten Möglichkeiten finden Sie unter www.test.de/sparen-fuer-kinder.

Keine Angst vor dem Finanzamt

Wenn Sie Geld auf den Namen der Kinder anlegen, fällt wie bei Erwachsenen für die Fondserträge oder Sparzinsen die Abgeltungsteuer von 25 Prozent an. Aber: Diese Steuer wird erst fällig, wenn Ihr Kind Erträge über 801 Euro im Jahr erzielt. Dieser Sparerpauschbetrag gilt für jedes Kind wie für Erwachsene auch. Wenn Sie der Bank entsprechende Freistellungsaufträge erteilen, wird sie für Erträge bis zu dieser Höhe keine Abgeltungsteuer einbehalten. Und selbst wenn Ihr Kind bei erfolgreichem Investment mehr Erträge erzielen sollte, muss es das Finanzamt nicht fürchten. Jedes Kind darf sogar Kapitalerträge über 9 000 Euro im Jahr haben ohne Steuern zu bezahlen. Dafür sorgt unter anderem der steuerliche Grundfreibetrag, der derzeit bei 8 820 Euro jährlich liegt: Erst wenn ein Steuerpflichtiger auf ein zu versteuerndes Einkommen über diesem Betrag kommt, muss er tatsächlich Einkommensteuer zahlen.

Mit anderen Worten: Wenn Ihr Kind Kapitalerträge über 801 Euro jährlich erzielt, wird die Bank zwar erst einmal Abgeltungsteuer von den Kapitalerträgen abziehen und an das Finanzamt überweisen. Doch diese Steuer ließe sich mit der Steuererklärung komplett zurückholen, wenn das Gesamteinkommen des Kindes unter dem Grundfreibetrag bleibt.

→ NV-Bescheinigung

Die Bank wird keine Abgeltungsteuer von den Kapitalerträgen abziehen, wenn das Finanzamt Ihnen eine Nichtveranlagungs-(NV-)bescheinigung für Ihr Kind ausstellt. Diese können Sie bekommen, wenn die Kapitalerträge zwar über dem Sparerpauschbetrag liegen, aber sonst kein Einkommen vorhanden ist. Dann können Sie sich die Steuererklärung sparen.

Der Traum vom Eigenheim

Ein Haus mit Garten wäre toll, mit viel Platz zum Spielen. Ein Wunsch, den viele Eltern haben. Sie auch? Dann versuchen Sie als Erstes, möglichst viel Eigenkapital anzusparen.

So ärgerlich die niedrigen Zinsen für Sparer sind, es gibt eine Gruppe, die sich darüber freut: alle, die eine Immobilie kaufen oder bauen wollen. Denn auch die Kredite der Banken sind immer noch äußerst günstig. Es ist derzeit problemlos möglich, selbst größere Kredite zu einem Zinssatz von unter 2 Prozent zu bekommen.

Doch Vorsicht: Nur weil Sie sich günstig Geld leihen können, heißt das noch lange nicht, dass sich der Traum vom Eigenheim ohne Weiteres erfüllen lässt. Ein mögliches Hindernis sind die Immobilienpreise: Sie sind in den letzten Jahren vielerorts deutlich angestiegen. Das trifft vor allem die Groß- und Universitätsstädte.

Auch deshalb sollten Sie jeden weiteren Schritt zum Eigenheim gut planen und sich nicht einfach von Ihren Gefühlen und dem Traum vom eigenen Zuhause leiten lassen. Ermitteln Sie, ob die derzeitigen Immobilienpreise wirklich zu Ihrem Budget passen – vor allem auch, wenn Sie aufgrund beruflicher Auszeiten Einkommenseinbußen haben. Die Finanzierung der Immobilie sollte nicht auf wackeligen Füßen stehen. Planen

Einfach mal raus
Viel Platz zum Spielen, Toben, Grillen: Wer sich den Traum vom Eigenheim erfüllen will, sollte den Schritt genau planen und in Ruhe nach dem passenden Objekt suchen.

Sie deshalb immer mögliche Risiken in Ihre Überlegungen ein. So kann es etwa bei Jobverlust, schwerer Krankheit oder Tod eines Partners schwierig werden, die fälligen Kreditraten an die Bank zu überweisen. Im schlimmsten Fall kann es Ihnen passieren, dass Sie das Haus verlieren.

Kaufen statt mieten – mehrere Faktoren müssen stimmen

Die gute Nachricht: Trotz gestiegener Preise werden viele von Ihnen dank der niedrigen Zinsen tatsächlich in der Lage sein, eine Immobilie zu finanzieren. Um Ihnen einen ersten Anhaltspunkt zu geben, was möglich ist und in welchen Preiskategorien Sie sich bewegen können, hat die Stiftung Warentest diverse Rechner entwickelt. Mit deren Hilfe können Sie zum Beispiel selbst kostenlos ermitteln, wie viel Kredit Sie sich bei Ihrem Einkommen und bei Ihrem vorhandenen Eigenkapital leisten können („Eigenheimfinanzierung: So teuer darf Ihr Haus werden"). Sie finden diesen und weitere Excel-Rechner im Internet auf der Seite www.test.de/rechner-baufinanzierung.

Wenn Sie Ihren finanziellen Spielraum abgesteckt haben und die derzeitigen Immobilien- und Grundstückspreise kennen, können Sie schon mal entscheiden, ob sich der Traum vom Eigenheim in Ihrer jetzigen Umgebung überhaupt realisieren lässt, ob Sie etwas weiter außerhalb suchen müssen, oder ob Sie sich gleich von Ihrem Traum verabschieden müssen.

Neben dem persönlichen Budget müssen aber auch andere Faktoren für das „Projekt Eigenheim" passen. Zum Beispiel: Haben Sie die Zeit und die Lust, sich um Kauf oder Bau einer Immobilie zu kümmern? Kalkulieren Sie auf jeden Fall ein, dass damit einiger Aufwand verbunden ist. Das beginnt mit der Suche nach dem passenden Objekt, reicht über das Vergleichen von Kreditangeboten bis hin zum Beauftragen und Beaufsichtigen von Handwerkern. Selbst wenn Sie eine bestehende Immobilie kaufen, werden Sie einige Aufgaben zu erfüllen haben: Vielleicht muss noch eine neue Wand eingezogen werden, um ein zusätzliches Kinderzimmer zu schaffen, oder Sie wollen zumindest den Maler durch die

Das Risiko, dass Sie sich trennen oder ein Partner stirbt, ist leider da. Können Sie die Immobilie dann nicht halten, kann es sein, dass Sie beim kurzfristigen Verkauf nicht den erhofften Preis erzielen und zum Beispiel auf Ihren Kaufnebenkosten sitzen bleiben. Sichern Sie den Immobilienkredit deshalb mit einer ausreichenden Restschuld- oder Risikolebensversicherung zumindest für den Fall ab, dass Sie oder Ihr Partner sterben.

Wohnung schicken, damit er die Spuren der Vorbesitzer beseitigt.

Ein weiterer Punkt, den Sie beachten sollten: Als Eigenheimbesitzer sind Sie nicht mehr so flexibel wie vorher. Kann es sein, dass Ihr Arbeitgeber Sie noch einmal versetzt oder Sie sich einen neuen Job in einer anderen Stadt suchen müssen? Das Eigenheim kann dann zum Klotz am Bein werden. Deshalb wäre die Empfehlung, nur zu kaufen oder zu bauen, wenn Sie wirklich davon ausgehen, mindestens in den nächsten zehn Jahren dort zu wohnen. Allein die Nebenkosten wie Grunderwerbsteuer und Notargebühren sind zu hoch für eine Investition, „nur weil die Zinsen gerade günstig sind".

Das passende Objekt – die wohl größte Investition Ihres Lebens

Wenn Sie Ihre finanziellen Möglichkeiten einschätzen können und der Aufwand und die fehlende Mobilität Sie nicht schrecken, können Sie an die genauere Planung gehen. Sie sollten sich vor der endgültigen Entscheidung für „Ihr" Eigenheim Zeit für eine gründliche Recherche nehmen. Schauen Sie sich verschiedene Immobilien oder Baugebiete an. Passen die Verkehrsanbindung und die sonstige Infrastruktur: Wie steht es mit Kindergärten? Wie weit weg ist die nächste Schule? Gibt es Ärzte und Supermärkte in für Sie erträglicher Entfernung? Und: Stimmt der Preis? Gerade in den Städten kann es gut sein, dass die Immobilienpreise weit über dem tatsächlichen Wert liegen.

Wenn Sie sämtliche Voraussetzungen erfüllen – einen Überblick über Ihr Budget haben und ein Objekt in passender Lage und mit passendem Preis gefunden haben –, kommt der größte Knackpunkt: die Finanzierung. Je mehr Eigenkapital Sie mitbringen, desto besser sind die Chancen, dass alles problemlos funktioniert. Denn wenn Sie weniger Geld leihen müssen, bekommen Sie den Kredit günstiger und zahlen weniger Zinsen. Sie sollten zumindest 10, besser noch 20 Prozent der Baukosten oder des Kaufpreises als Eigenkapital haben und zusätzlich sämtliche Nebenkosten wie Grunderwerbsteuer und Notargebühren aus vorhandenen Mitteln zahlen können.

Was haben wir?
Um eine Immobilie finanzieren zu können, sollte möglichst viel Eigenkapital vorhanden sein. Gut dran ist, wer schon Ersparnisse angesammelt hat.

Vertun Sie sich nicht: An Nebenkosten kommt einiges auf Sie zu – allein die Grunderwerbsteuer beträgt je nach Bundesland bis zu 6,5 Prozent des Kaufpreises. Wenn Sie also beispielsweise in Nordrhein-Westfalen Haus und Grundstück im Gesamtwert von 300 000 Euro erwerben, zahlen Sie allein 19 500 Euro Grunderwerbsteuer. In Bayern ist die Belastung geringer – bei einem Steuersatz von 3,5 Prozent.

Schalten Sie einen Makler ein, zahlen Sie je nach Wohnort gut und gerne noch einmal zwischen 3,57 und 7,14 Prozent des Kaufpreises für diese Unterstützung. Für das Erstellen des Kaufvertrags, die Eintragungen im Grundbuch, eventuell ein Gutachten eines Bausachverständigen und viele andere Posten kommen leicht zusätzlich einige Tausend Euro zusammen.

Je nach Bundesland sollten Sie also einplanen, dass Sie gut 10 oder sogar 15 Prozent des Kaufpreises an zusätzlichen Ausgaben haben werden. Kosten für neue Möbel, das Umzugsunternehmen, Terrassenarbeiten und Spielgeräte im Garten sind hier noch außen vor.

Das Eigenkapital muss her

Doch wie kommen Sie an das nötige Eigenkapital? Viele von Ihnen werden hier nicht bei null anfangen. Vielleicht haben Sie in den vergangenen Jahren bereits Geld in einen Bausparvertrag eingezahlt oder auf ein Festgeldkonto. Daran sollten Sie auch festhalten, wenn Sie noch nicht jetzt, aber beispielsweise innerhalb der nächsten fünf Jahre Ihr Eigenheim beziehen wollen.

Für die Geldanlage bis zu diesem Tag X sollten Sie auf sichere Produkte setzen. Wenn Sie noch Geld in riskanteren Anlagen wie Aktienfonds investiert haben, behalten Sie die Märkte im Auge und verkaufen Sie zu einem möglichst günstigen Zeitpunkt, um sich weitere flüssige Mittel zu sichern.

Um an Eigenkapital zu kommen, können Sie auch Riester-Produkte nutzen und bereits angespartes Riester-Vermögen einsetzen. Wollen Sie erst noch mit „Riester" beginnen, können Sie zum Beispiel einen geförderten Bausparvertrag wählen. Dann zahlen Sie zunächst regelmäßige Sparraten in den Vertrag ein. Damit sammeln Sie nicht nur Kapital an, sondern erwerben sich zudem das Anrecht auf einen späteren Kredit. Die Zinsen für Ihr Erspartes sind zwar nicht beeindruckend, doch Sie haben den Vorteil, dass der Zinssatz für das Darlehen schon feststeht, auch wenn Sie es erst in einigen Jahren abrufen und die Zinssätze am Kapitalmarkt bis dahin gestiegen sind.

Der Vorteil der Riester-Förderung: In der Sparphase bekommen Sie die staatlichen Zulagen zusätzlich auf Ihr Konto, in der Darlehensphase können Sie sie für die Tilgung des Bauspardarlehens nutzen. Insgesamt sparen Sie also mehr Eigenkapital an als mit einem ungeförderten Vertrag.

Riester-Ersparnisse nutzen

Aber Riester-Förderung für Immobilieninteressenten geht auch anders: Wenn Sie einen bestehenden Riester-Vertrag haben, beispielsweise eine Riester-Rentenversicherung oder einen geförderten Banksparplan, können Sie das darin angesparte Vermögen teilweise oder komplett in die selbst genutzte Immobilie stecken. Oder Sie nutzen das Geld, um eine Sondertilgung für ein laufendes Baudarlehen zu stemmen.

Wenn Sie eine Immobilie kaufen oder bauen oder eine Sondertilgung machen wollen, dürfen Sie jeden Betrag ab 3000 Euro aus ihrem Riester-Konto entnehmen. Wer nur einen Teil seines Guthabens benötigt, muss mindestens 3000 Euro auf dem Konto lassen. Eine solche Teilentnahme ist allerdings nicht in allen Riester-Verträgen erlaubt.

Die Entnahme beantragen Sie bei der Zentralen Zulagenstelle für Altersvermögen (ZfA). Planen Sie einige Monate Vorlauf ein, damit das Geld pünktlich zum gewünschten Zeitpunkt bei Ihnen ist.

→ Riester-Darlehen oder Kombikredit

Wenn Sie kein Eigenkapital mehr ansparen, sondern gleich die staatliche Förderung für Ihre Immobilie nutzen wollen, können Sie riestergeförderte Darlehensverträge oder Kombikredite abschließen. Die wichtigsten Infos und gute Angebote finden Sie unter www.test.de, Suche: Wohn-Riester.

Weitere Fördermöglichkeiten haben Bauherren und Immobilienkäufer über die staatliche KfW-Bank. Sie bietet günstige Darlehen und Zuschüsse für die Finanzierung von Eigenheimen oder für den Umbau, zum Beispiel wenn bestimmte Energievorgaben eingehalten werden. Mehr Informationen finden Sie unter www.kfw.de, Tel.: 0800 539 90 02.

Kreditangebote vergleichen

Sobald Sie einen Überblick zu Ihrem Eigenkapital und zu sämtlichen zu erwartenden Kosten haben, gehen Sie zur Bank – am besten gleich zu mehreren Banken, und lassen sich dort einen Finanzierungsplan erstellen. Lassen Sie so kalkulieren, dass Sie spätestens bei Rentenbeginn schuldenfrei sind.

Solange die Zinsen so niedrig sind wie jetzt, sollten Sie eine lange Zinsbindung vereinbaren. Vergleichen Sie die Angebote genau. Lassen Sie sich nicht durch eine vermeintlich niedrige monatliche Rate blenden, sondern achten Sie darauf, welche Anfangstilgung Ihnen geboten wird. Vereinbaren Sie in dieser Niedrigzinsphase mindestens einen Tilgungssatz von 2, besser noch 3 Prozent. Wenn Sie nur einen Tilgungssatz von einem Prozent haben, müssen Sie zwar jeden Monat weniger an die Bank zurückzahlen, doch Ihre Restschuld schmilzt zu langsam. Dadurch verlängert sich die Laufzeit eines Darlehens auf 50 Jahre und mehr.

Haben Sie nun ein passendes Angebot vorliegen und gehen davon aus, dass es klappen könnte, die geforderte Kreditrate jeden Monat aufzubringen? Vergessen Sie bei Ihrer Budgetplanung nicht die Bewirtschaftungskosten fürs Haus – Heizung, Wasser, Abwasser, Müllabfuhr, Wohngebäudeversicherung, um nur einige Posten zu nennen. Kalkulieren Sie ein, dass Sie hierfür jeden Monat gut 2 Euro je Quadratmeter Wohnfläche aufbringen müssen.

Für die Instandhaltung der Immobilie kommen je nach Alter und Zustand zusätzlich 6 bis 15 Euro je Quadratmeter Wohnfläche im Jahr dazu.

Wenn Sie all das mit berücksichtigen: Können Sie dann mit einiger Sicherheit sagen, dass Sie sich die Immobilienfinanzierung auf Dauer leisten können? Haben Sie zusätzlich ein Notfallpolster von drei bis vier Monatsgehältern auf einem Tagesgeldkonto?

Wenn ja: Dann lohnt es sich zuzugreifen, wenn sich eine passende Immobilie für Sie und Ihre Familie bietet.

Wer kennt sich aus?

Finanzierung ist das eine, Umgang mit Maklern, Bauträgern und Handwerkern das andere. Unterstützung können Sie als Bauherr oder Käufer etwa als Mitglied in einem Verein oder Verband für private Bauherren bekommen. Dort zahlen Sie zwar eine Mitgliedsgebühr, können aber beispielsweise Rechtsberatung in Anspruch nehmen oder günstig einen Gutachter hinzuziehen. Oder wenden Sie sich an eine Verbraucherzentrale, wenn Sie Verträge prüfen lassen wollen.

Checkliste

Eine Immobilie als Geldanlage

Sie haben geerbt oder einfach in den letzten Jahren sehr gut verdient? Mit ein wenig Kapital im Rücken mag auch der Gedanke an eine vermietete Immobilie als Geldanlage aufkommen. Bevor Sie sich dafür entscheiden, beantworten Sie für sich einige Fragen:

- ☐ **Sind Sie bereit** für den Aufwand, der mit einer vermieteten Immobilie verbunden ist? Immobiliensuche, Instandhaltung, Mietersuche und Abrechnungen sind nur einige Punkte, die vor dem Kauf und danach auf Sie zukommen.
- ☐ **Sind Sie bereit,** Geld in eine sehr unflexible Anlage zu stecken? Es drohen Verluste, wenn Sie kurzfristig verkaufen müssen, weil Sie das Geld dringend benötigen.
- ☐ **Haben Sie die passende** Immobilie? Wichtig ist, dass Sie in ein Objekt investieren, das Sie auch in ein paar Jahren noch vermieten können. Prüfen Sie genau die Rahmenbedingungen wie Lage, Infrastruktur und Ausstattung, ehe Sie sich entscheiden.
- ☐ **Haben Sie genügend** Eigenkapital für die Wunschimmobilie? Mindestens 20 Prozent des Kaufpreises plus Nebenkosten sollten Sie schon haben. Wenn der Anteil noch größer wäre, wäre es noch besser.
- ☐ **Ist die Finanzierung** gesichert? Die Nettomiete für Ihre Immobilie – das ist die Kaltmiete abzüglich der Instandhaltungs- und Verwaltungskosten – sollte so hoch sein, dass sie ausreicht, um die laufenden Darlehenszinsen zu decken. Noch besser wäre es natürlich, wenn die Nettomiete ausreicht, um Zins und Tilgungsrate daraus aufbringen zu können.
- ☐ **Sind Ihnen sämtliche** Risiken bewusst? Überlegen Sie sich gut, ob Sie die finanziellen Folgen aushalten können, wenn sich beispielsweise für einen längeren Zeitraum keine Mieter finden oder wenn jemand seine Miete vorübergehend nicht zahlt.

Als Familie gut versichert

Sobald das erste Kind auf der Welt ist, sollten Sie als Eltern Ihren Versicherungsschutz anpassen: Wichtig ist zum Beispiel, dass die Familie finanziell abgesichert ist, falls ein Elternteil stirbt.

Mit der Geburt eines oder mehrerer Kinder ändert sich ein bisschen was beim Versicherungsschutz, aber längst nicht alles. Zum Beispiel gilt – ob mit oder ohne Kind –, dass in keinem Haushalt eine Privathaftpflichtversicherung fehlen sollte und dass Hausbesitzer unbedingt eine Wohngebäudeversicherung für ihre Immobilie benötigen.

In anderen Bereichen müssen Eltern dagegen mit der Geburt ihres Kindes aktiv werden. Das gilt vor allem für die Krankenversicherung: Der Schutz ist Pflicht für jeden, sodass die Eltern den Nachwuchs entweder in einer gesetzlichen Krankenkasse oder über einen privaten Vertrag absichern müssen. Darum müssen sich Eltern kurz nach der Geburt kümmern. Häufig können die Familien von der beitragsfreien Familienversicherung in einer gesetzlichen Kasse profitieren (siehe „Oft kostenlose Absicherung fürs Kind", S. 47).

Was Sie darüber hinaus an Versicherungsschutz für die Familie abschließen, ist gesetzlich nicht vorgeschrieben, aber einiges ist unbedingt zu empfehlen, etwa die Risikolebensversicherung als finanzielle Absicherung für den Todesfall.

Die Ente geht baden
Das Wasser läuft, die Kinder streiten, die Nudeln kochen über. Gerade wenn es öfter mal drunter und drüber geht, ist es hilfreich, wenn Versicherungen den nötigen Schutz bieten.

Damit Sie besser überprüfen können, welche Verträge Sie neu abschließen oder umstellen sollten und wovon Sie sich guten Gewissens trennen können, haben wir die wichtigsten Versicherungen für Sie kategorisiert. Die entsprechende Übersicht finden Sie in der Tabelle „Versicherungscheck" auf Seite 126. Die einzelnen Verträge in dieser Tabelle haben wir folgenden Kategorien zugeordnet:

- **Unbedingt notwendig:** Ohne einen solchen Schutz wären Sie oder Ihre Familie im Schadensfall womöglich ruiniert. Zu den Verträgen, die unbedingt notwendig sind, gehören beispielsweise die private Haftpflichtversicherung sowie die gesetzlich vorgeschriebene Krankenversicherung.
- **Sehr zu empfehlen:** Ohne diesen Versicherungsschutz wäre im Ernstfall Ihre finanzielle Existenz bedroht. Zu diesen Verträgen zählen wir unter anderem die Wohngebäudeversicherung für Immobilienbesitzer und die Risikolebensversicherung für alle, die für andere sorgen müssen.
- **Sinnvoll:** Fehlt dieser Schutz, können Kosten entstehen, die Sie zwar empfindlich treffen, aber im Regelfall anders als ein abgebranntes Haus nicht sofort die finanzielle Existenz bedrohen. Ein Beispiel dafür ist die Hausratversicherung je nach Wert der Einrichtung.
- **Mit Einschränkungen sinnvoll:** So bewerten wir beispielsweise die Rechtsschutzversicherung. Sie kann zwar eine wertvolle Hilfe sein, doch unter Umständen gibt es günstigere Alternativen – etwa die Mitgliedschaft im Mieterverein, um sich Rechtsberatung für Streitigkeiten mit dem Vermieter zu sichern.

Auf einiges können Sie verzichten

Darüber hinaus gibt es einige Versicherungen, die wir als „überflüssig" einstufen. Das tun wir, weil sie in der Regel nur ein kleineres Risiko abdecken oder ein Risiko, das bereits anderweitig abgesichert ist oder anderweitig besser abgesichert werden kann.

Zu den überflüssigen Verträgen zählen beispielsweise Handy- und Brillenversicherungen. Ein solcher Schutz ist nicht ganz billig, und trotz Versicherung kann es aufgrund der Vertragsbedingungen sein, dass Sie bei einem Schaden nicht die erhoffte Leistung in Anspruch nehmen können.

Auch eine Reisegepäckversicherung ist häufig überflüssig. Denn meist sind die Bedingungen für Gepäckversicherungen eher streng gestaltet, sodass Sie zum Beispiel kein Geld bekommen, wenn Ihr Gepäck am Flughafen geklaut wird – obwohl Sie „nur ganz kurz abgelenkt waren" und es kurz aus den Augen gelassen haben. Außerdem: Einen gewissen Schutz für Ihr Gepäck haben Sie automatisch, wenn Sie eine Hausratversicherung abgeschlossen haben (siehe „Unsere Wohnung – unser Zuhause", S. 145).

Meiden sollten Sie zudem Versicherungen, die Sparen und Risikoschutz miteinander kombinieren. Es ist beispielsweise keine gute Wahl, wenn Sie heute noch eine Kapitallebensversicherung abschließen, bei der ein Teil der Beiträge angespart wird und ein anderer Teil in den Todesfallschutz fließt. Die mit einem solchen Vertrag verbundenen Kosten sind enorm, und die Erträge bei Neuabschluss dieser Versicherung sind in den vergangenen Jahren enorm gesunken.

Diese Nachteile gelten übrigens auch für sogenannte Ausbildungsversicherungen – Verträge, über die Sie Geld für die Ausbildung der Kinder ansparen wollen. Sie funktioniert häufig wie eine kleine Lebensversicherung. Sinnvoller ist es, Sparen und Risikoschutz voneinander zu trennen. (siehe „Geld anlegen für die Kinder" ab S. 112).

30 SEKUNDEN FAKTEN

2 387 EURO

investieren die Deutschen pro Kopf jedes Jahr in Versicherungen. Deutschland liegt damit im Mittelfeld der europäischen Staaten.

6 606 EURO

So viel geben die Schweizer für Ihren Versicherungsschutz aus. Damit liegen sie europaweit an der Spitze. Innerhalb der EU ist Finnland der Spitzenreiter mit Ausgaben von 4 359 Euro pro Kopf und Jahr.

326 EURO

Die Griechen bilden mit diesen jährlichen Pro-Kopf-Ausgaben für Versicherungen das Schlusslicht unter den EU-Staaten.

Quelle: Gesamtverband der Deutschen Versicherungswirtschaft, Stand 2015

Versicherungscheck: Als Familie gut geschützt

+++ Unbedingt notwendig. Auf diesen Schutz sollten Sie keinesfalls verzichten.
++ Sehr zu empfehlen. Diesen Schutz sollten Sie nach Möglichkeit haben.
\+ Sinnvoll. Dieser Schutz ist sinnvoll, muss aber nicht unbedingt sein.
+– Dieser Schutz ist nur mit Einschränkungen sinnvoll.

Wofür?	Welche Versicherung?	Wie wichtig?	Für wen geeignet?
Wenn Sie andere schädigen	Privathaftpflicht	+++	Braucht jeder – unabhängig davon, ob er alleinstehend ist, einen Partner oder Kinder hat.
	Kfz-Haftpflicht	+++	Für Kraftfahrzeughalter Pflicht.
	Tierhalterhaftpflicht	+++	Für Hundehalter oder Pferdebesitzer. Für Hundehalter in manchen Bundesländern Pflicht.
	Gewässerschadenhaftpflicht	+++	Für Öltankbesitzer.
	Bauherren-Haftpflicht	++	Für Bauherren.
	Haus- und Grundbesitzerhaftpflicht	++	Für Vermieter von Immobilien und von unbebauten Grundstücken.
Krankheit und Pflege	Gesetzliche Kranken- und Pflegeversicherung	+++	Für jeden Pflicht, sofern er nicht privat krankenversichert ist oder einen anderen Anspruch auf Absicherung im Krankheitsfall hat.
	Private Krankenvollversicherung und Pflegepflichtversicherung	+++	Für Beamte. Für Selbstständige und gut verdienende Angestellte, wenn es ihnen die oft besseren Leistungen wert sind, dafür auf Dauer mehr zu zahlen und eventuell auf die beitragsfreie Versicherung der Kinder in einer gesetzlichen Kasse zu verzichten.
	Private Kranken- und Pflegezusatzversicherungen	+	Für gesetzlich Krankenversicherte, die sich mehr Leistungen sichern wollen als die der gesetzlichen Kranken- und Pflegeversicherung, etwa die Chefarztbehandlung im Krankenhaus, eine bessere Zahnversorgung, die Übernahme der Kosten beim Heilpraktiker oder höhere Leistungen im Pflegefall.

Wofür?	Welche Versicherung?	Wie wichtig?	Für wen geeignet?
Berufsunfähigkeit und Invalidität	Berufsunfähigkeitsversicherung	++	Für alle Erwachsenen, die von ihrem Erwerbseinkommen leben, vor allem wenn sie eine Familie ernähren müssen.
	Erwerbsunfähigkeitsversicherung	++	Für alle, die aus Kostengründen oder wegen ihres Risikos keinen Berufsunfähigkeitsschutz erhalten.
	Unfallversicherung	+	Für Erwachsene, wenn sie weder eine Berufs- noch eine Erwerbsunfähigkeitsversicherung bekommen.
Die Familie gut absichern	Risikolebensversicherung	++	Für alle, die für andere sorgen.
	Kinderinvaliditätsversicherung	++	Für Kinder und Jugendliche bis zum Ende ihrer Ausbildung, danach Berufsunfähigkeitsschutz.
	Kinderunfallversicherung	+	Für Kinder und Jugendliche, sofern keine Kinderinvaliditätsversicherung vorhanden ist.
Zu Hause und im Alltag	Wohngebäudeversicherung	++	Für jeden Eigentümer einer Immobilie.
	Hausratversicherung	+	Bei Hausrat mit höherem Wert.
	Rechtsschutzversicherung (Verkehrsrechtsschutz siehe unten)	+–	Je nach Leistungspaket für Selbstständige, Angestellte, Mieter, Privatleute geeignet. Gewerkschaften oder Vereine (Mietrecht) bieten für spezielle Probleme oft preiswerteren Rechtsschutz.
Unterwegs immer sicher	Auslandsreisekrankenversicherung	++	Für alle Kassenpatienten sowie für Privatversicherte, wenn die Kostenübernahme für medizinisch notwendige Rücktransporte aus dem Ausland fehlt.
	Reiserücktrittkostenversicherung	+	Für Urlauber, die teure Pauschalreisen buchen, vor allem mit kleinen Kindern.
	Kfz-Vollkaskoversicherung	+	Für Besitzer neuer Fahrzeuge.
	Kfz-Teilkaskoversicherung	+	Für höherwertige ältere Autos.
	Verkehrsrechtsschutz	+	Für jeden Verkehrsteilnehmer.
	Autoschutzbrief	+–	Für Autofahrer. Preisgünstig beim Kfz-Haftpflichtversicherer abzuschließen.

Kranken- und Pflegeversicherung: Die richtige Wahl

Melden Sie Ihr Kind gleich nach der Geburt bei der Krankenversicherung an. Doch wo bekommen Eltern und Kinder möglichst viel für ihr Geld?

90 Prozent der Bürger sind hierzulande gesetzlich krankenversichert, etwa 10 Prozent privat. Mit der Geburt der Kinder ändert sich am Versichertenstatus der Eltern erst einmal gar nichts:

- **Angestellte** können sich nicht privat krankenversichern, solange ihr Bruttojahresverdienst bei höchstens 57 600 Euro liegt. Das ist die Versicherungspflichtgrenze im Jahr 2017. Bis zu dieser Grenze sind sie in einer gesetzlichen Krankenkasse pflichtversichert und zahlen einkommensabhängige Beiträge an die Krankenkasse. Angestellte mit einem Jahreseinkommen über der Versicherungspflichtgrenze dürfen in eine private Krankenversicherung wechseln. Oder sie versichern sich freiwillig in einer gesetzlichen Krankenkasse. Dann zahlen sie aber nicht für ihr komplettes Einkommen Krankenkassenbeiträge: Beiträge werden nur bis zur Beitragsbemessungsgrenze fällig. Diese liegt 2017 bei 52 200 Euro.
- **Für Beamte** mit Anspruch darauf, dass Ihr Dienstherr Ihnen Beihilfe zu Gesundheitsleistungen zahlt, kommt dagegen unabhängig von der Höhe der Bezüge in aller Regel die private Krankenversicherung infrage.
- **Viele Selbstständige** dürfen sich privat krankenversichern. Alternativ besteht auch für sie die Möglichkeit, dass sie sich freiwillig in einer gesetzlichen Krankenkasse absichern.

Mütter, die vor der Geburt gesetzlich versichert waren, bleiben es auch nach der Geburt. Waren Sie privat versichert, bleiben Sie es weiterhin – es sei denn, Sie reduzieren nach der Geburt Ihr Arbeitspensum, sodass Sie weniger verdienen. Dann werden Sie unter Umständen in einer gesetzlichen Krankenkasse versicherungspflichtig.

Beispiel: Carla hat vor der Geburt ihrer Tochter in Vollzeit 58 000 Euro brutto verdienst. Ein Jahr nach der Geburt arbeitet sie auf einer halben Stelle und verdient knapp 30 000 Euro jährlich. Damit bleibt sie deutlich unter der Versicherungspflichtgrenze. Sie müsste sich bei diesem Einkommen in einer gesetzlichen Krankenkasse versichern.

Doch sie hat unter bestimmten Voraussetzungen das Recht, sich auf Antrag von der Versicherungspflicht befreien zu lassen. Das wäre zum Beispiel möglich, wenn sie bereits seit mindestens fünf Jahren privat versichert ist. Der Antrag kann infrage kommen, wenn die Frau beispielsweise weiß, dass sie nur für einen begrenzten Zeitraum weniger verdient, und sich sicher ist, dass sie auf Dauer privat versichert bleiben möchte.

Den Antrag auf Befreiung von der Versicherungspflicht sollten Sie sich aber gut überlegen: Die Befreiung können Sie nicht rückgängig machen. Solange Sie angestellt beschäftigt arbeiten, kann es schwierig werden, in eine Krankenkasse zurückzukehren.

Die Alternative wäre, dass Sie sich nicht von der gesetzlichen Versicherungspflicht befreien lassen, sondern stattdessen zumindest vorübergehend von der privaten Krankenversicherung in eine gesetzliche Krankenkasse wechseln. Entscheiden Sie sich dafür, klären Sie mit Ihrem privaten Versicherer, ob es die Möglichkeit einer sogenannten Anwartschaftsversicherung gibt.

Das heißt: Sie lassen für einen gewissen Zeitraum den Schutz der privaten Krankenversicherung ruhen, um dann gegebenenfalls zu den früheren Vertragsbedingungen den Schutz des Vertrags wieder aufleben zu lassen. Dafür verlangt der private Versicherer zwar einen gewissen Beitrag, aber Sie haben die Sicherheit, dass Sie sich später ohne Gesundheitsprüfung wieder zu den früheren Konditionen absichern können.

Den richtigen Versicherer für Eltern und Kind finden

Für privat krankenversicherte Eltern ist die Sache in der Regel klar: Soll oder muss auch ihr Kind privat versichert werden, kommt es bei dem Versicherer unter, bei dem sie selbst bisher sind. Der Beitrag fürs Kind wird je nach Anbieter ohne Beihilfe bei etwa 150 Euro im Monat liegen.

Wollen Erwachsene – mit oder ohne Kind – den Anbieter wechseln, ist das häufig mit hohen Kosten verbunden. Wechselwillige müssen unter anderem einkalkulieren, dass sie bei einem neuen Versicherer Gesundheitsfragen beantworten müssen. Dadurch können Erkrankungen, die erst nach dem letzten Vertragsabschluss aufgetreten sind, den Beitrag beim neuen Anbieter in die Höhe treiben. Außerdem sind sie beim neuen Vertragsabschluss älter als beim ersten – auch ein Faktor für steigende Beiträge.

Wechseln Eltern trotzdem den Versicherer, wechselt der Schutz für ihr Kind nicht automatisch mit zum neuen Anbieter: Die Familien müssen einplanen, dass der neue Versicherer auch für das Kind eine Risikoprüfung vornimmt – also Fragen zu seinem Gesundheitszustand beantwortet werden müssen. Bei Vorerkrankungen kann es somit zu höheren Beiträgen oder Leistungsausschlüssen kommen.

Wollen Eltern diesen aus dem Weg gehen, kann es letztlich sein, dass Kind und Eltern nach dem Wechsel der Eltern bei unterschiedlichen Unternehmen versichert sind.

→ Tarifwechsel

Wollen Privatversicherte Beiträge sparen, kann eine Alternative zum Anbieterwechsel der Wechsel in einen günstigeren Tarif beim selben Versicherer sein. Dieser Wechsel ist erlaubt und verursacht keine zusätzlichen Kosten. Allerdings sind die Versicherer nicht unbedingt eine große Hilfe, wenn es darum geht, einen günstigeren Tarif zu finden. Seien Sie hartnäckig und bitten Sie Ihren Versicherer erneut, Ihnen einen gleichwertigen Tarif anzubieten.

Kassenpatienten können einfacher wechseln

Für Kassenpatienten ist die Situation einfacher – ein Wechsel der Krankenkasse für Eltern und Kind ist leichter möglich.

Eltern, die mindestens 18 Monate in ihrer Krankenkasse versichert waren, dürfen zu einer anderen gesetzlichen Kasse wechseln. Eine Kündigung der derzeitigen Kasse ist zum Ablauf des übernächsten Kalendermonats möglich. Ein familienversichertes Kind wechselt dann automatisch die Kasse mit.

Sollte die eigene Kasse ihren Beitrag erhöhen, haben Mitglieder in aller Regel ein Sonderkündigungsrecht – ganz gleich, wie lange sie vorher in der Kasse waren. In dem Fall ist es möglich, die Kündigung bis zum Ablauf des Monats zu erklären, für den der Zusatzbeitrag erhöht wird. Der Kündigungszeitraum – mit Ablauf des übernächsten Kalendermonats – gilt aber auch dann. In dieser Zeit müssen Sie als Mitglied den erhöhten Beitrag zahlen.

Doch welche Kasse ist die richtige für Mutter/Vater und Kind?

Ein Entscheidungskriterium kann der Beitragssatz sein. Derzeit verlangen die Kassen zwischen 14,9 und 16,4 Prozent. Für Angestellte übernimmt der Arbeitgeber 7,3 Prozent, den Rest zahlen die Mitglieder aus eigener Tasche.

Während der Elternzeit ist eine Mutter, die gesetzlich pflichtversichert ist, in der Regel vom Beitrag befreit. Auf eine freiwillig gesetzlich versicherte Frau können allerdings auch in der Elternzeit Kassenbeiträge zukommen.

Die Beitragsunterschiede sind je nach Einkommen zum Teil aber sehr gering. Deutlich größere Unterschiede kann es bei den Leistungen der Krankenkassen geben. Deshalb kann es sich lohnen, wenn Sie einen etwas höheren Beitrag in Kauf nehmen, um dafür wertvolle Extras zu bekommen.

Die Grafik „Plus für Familien“ rechts zeigt einige Leistungen und Kriterien, die für die Kassenwahl junger Familien entscheidend sein können.

Beispiel Osteopathie: Viele Eltern nutzen die Möglichkeit, ihr Baby von einem Osteopathen behandeln zu lassen. Viele, aber nicht alle gesetzlichen Krankenkassen, erstatten unter bestimmten Voraussetzungen die Behandlungskosten, allerdings in unter-

Plus für Familien

95 Prozent der Leistungen der gesetzlichen Krankenkassen sind gleich. Darüber hinaus bieten die Kassen einige Zusatzleistungen an, die für werdende und junge Familien sehr interessant sein können. Je nach persönlicher Situation kann sich dafür ein Wechsel der Krankenkasse lohnen – selbst wenn der Beitragssatz dort etwas höher ist.

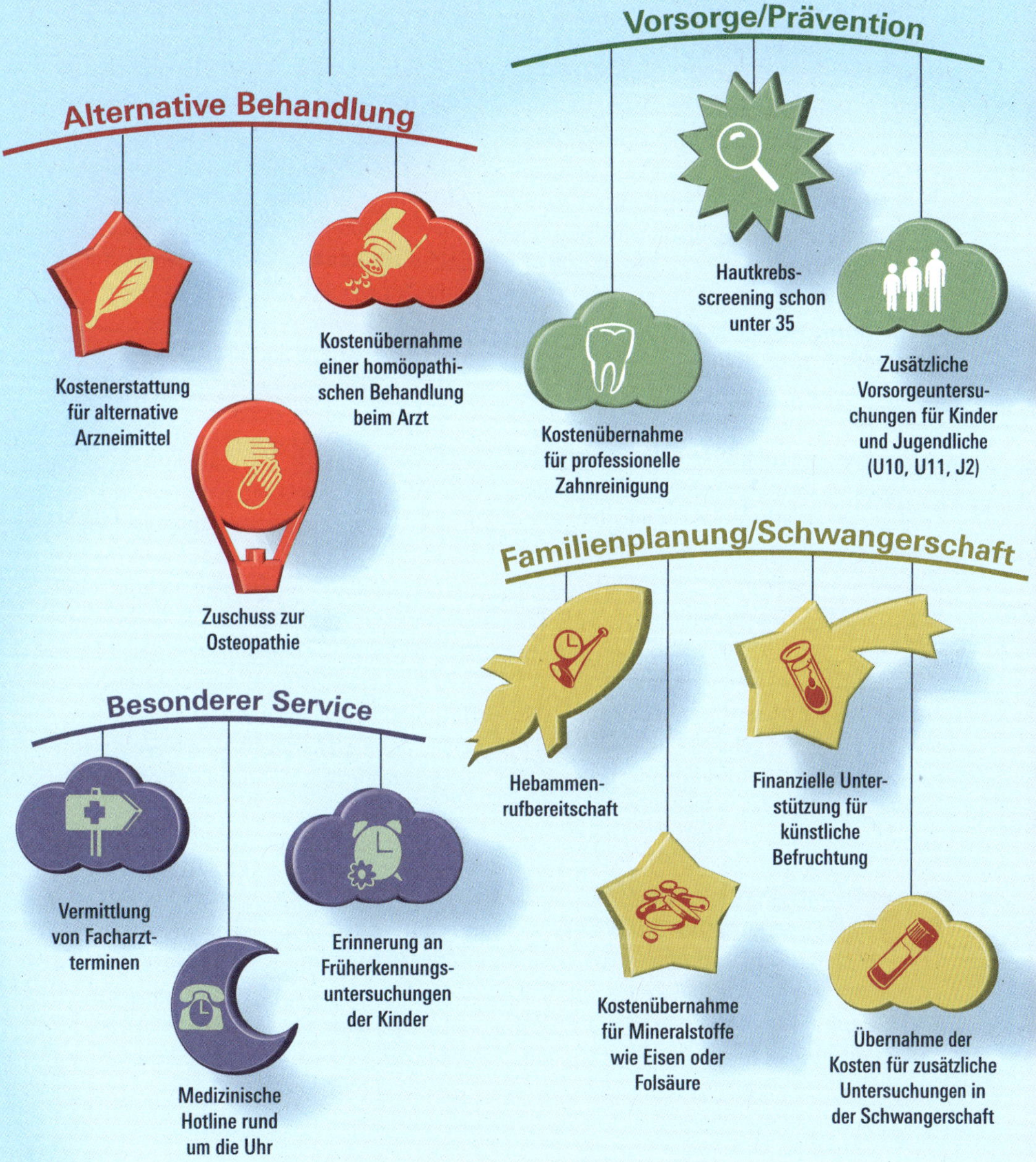

schiedlicher Höhe: Die Kassen zahlen für Osteopathie zwischen 50 und 500 Euro pro Versichertem und Jahr. Oft wird dieser Zuschuss aus einem Budget erstattet, aus dem verschiedene Extraleistungen gezahlt werden. Je nach Leistungskatalog und den persönlichen Wünschen kann sich ein etwas höherer Monatsbeitrag also schnell wieder ausgleichen.

Mehr Leistungen sichern: Gesetzlich plus privat

Bei dem Schutz der gesetzlichen Krankenversicherung müssen es Eltern für sich und ihre Kinder nicht belassen: Sie können ihn mit privaten Krankenzusatzversicherungen aufbessern. Möglich ist zum Beispiel, bei einem privaten Krankenversicherer einen Vertrag für stationäre Behandlungen im Krankenhaus abzuschließen.

Je nach Tarif hat der Versicherte dann zum Beispiel Anspruch darauf, vom Chefarzt behandelt und in einem Ein- oder Zweibettzimmer untergebracht zu werden. Weitere Zusatzversicherungen, mit denen Kassenpatienten sich besserstellen können, gibt es beispielsweise für zahnärztliche beziehungsweise kieferorthopädische Behandlungen. Oder Eltern schließen für sich oder ihre Kinder einen Tarif ab, der ihnen Zuschüsse für Behandlungen beim Heilpraktiker und für Hilfsmittel wie eine Brille sichert. Solche Tarife sind gerade für Kinder oft günstig zu bekommen.

Die privaten Krankenzusatzversicherungen sind sinnvoll, stehen allerdings auf der

Wer kennt sich aus?

Im Internet können Sie sich unter www.test.de/krankenkassen für 3 Euro einen Überblick zu den Leistungen von derzeit 75 Krankenkassen verschaffen. Fragen Sie außerdem bei befreundeten Familien oder Bekannten nach, wo sie versichert sind und wie zufrieden sie mit dem dortigen Angebot und Service sind.

Geht es um private Zusatzversicherungen, arbeiten die gesetzlichen Krankenkassen oft mit einem privaten Versicherer als Kooperationspartner zusammen: Versicherte der Kasse bekommen Rabatt, wenn sie bei dem privaten Versicherer eine Zusatzpolice abschließen. Das sollten Sie aber nicht ungeprüft tun, sondern holen Sie auch Angebote anderer Versicherer ein. Gut möglich, dass Sie noch etwas Besseres finden.

Bedarfsliste für Versicherungen nicht an erster Stelle. Wenn Sie einen solchen Vertrag für sich und/oder Ihr Kind abschließen wollen, überlegen Sie genau, welche Leistungen Ihnen wichtig sind. Es ist zum Beispiel nicht sinnvoll, einen Kombivertrag abzuschließen, der unter anderem für Heilpraktiker und Hilfsmittel zahlt, nur damit Sie auch eine größere Summe für Ihre neue Brille erhalten, während Sie die Heilpraktikerleistungen nie in Anspruch nehmen.

Beachten Sie außerdem, dass die privaten Zusatzversicherer mit Wartezeiten arbeiten und in der Regel nicht für begonnene Behandlungen aufkommen: Wenn Sie beispielsweise überlegen, eine Zahnzusatzversicherung abzuschließen, die im Ernstfall für die feste Zahnspange des Kindes aufkommt, benötigen Sie den Vertrag schon bevor der Zahnarzt die Behandlung ankündigt.

Nicht ohne Zusatzschutz ins Ausland

Eine unverzichtbare Zusatzversicherung ist hingegen die Auslandsreisekrankenversicherung, die jeder kleine oder erwachsene Kassenpatient haben sollte, sobald er ins Ausland fährt. Ohne den Schutz einer solchen Versicherung kann eine medizinische Behandlung während der Reise an die holländische Küste oder nach Mallorca zur teuren Falle werden. Denn die gesetzliche Kasse erstattet Behandlungskosten je nach Reiseland entweder gar nicht oder eventuell nur zum Teil. Selbst in einem EU-Land kann es Kassenpatienten passieren, dass sie auf einem Teil der Behandlungskosten sitzen bleiben, wenn der Arzt im Urlaubsland mehr verlangt als ein Arzt in Deutschland.

An den Kosten für einen Rücktransport eines Erkrankten oder verletzten Urlaubers beteiligen sich die deutschen Krankenkassen unabhängig vom Reiseland nie.

Deshalb sollte in keiner Familie eine private Auslandsreisekrankenversicherung fehlen. Sehr guten Schutz für eine Familie gibt es bereits für weniger als 20 Euro Jahresbeitrag. Über diese günstigen Verträge sind je nach Tarif Auslandsaufenthalte von bis zu etwa sechs bis acht Wochen abgesichert. Wollen Sie länger am Stück verreisen, zum Beispiel während der gemeinsamen Elternzeit von Vater und Mutter, brauchen Sie je nach Reisedauer eventuell etwas teureren Schutz. Darauf sollten Sie aber auf keinen Fall verzichten.

→ Preise und Leistungen

Die Stiftung Warentest hat immer wieder Tarife von verschiedenen Zusatzversicherungen überprüft. Die jeweils aktuellsten Ergebnisse finden Sie unter www.test.de. Hier können Sie sich auch über Pflegezusatzversicherungen informieren. Auch wenn dieses Thema mit 30 oder 40 Jahren noch weit weg erscheint, sollten Sie die Absicherung im Pflegefall nicht ganz aus den Augen verlieren.

Absicherung für die schweren Fälle

Ob schwere Krankheit oder Unfall: Gegen die finanziellen Folgen von Berufsunfähigkeit oder Invalidität sollten Sie sich wappnen. Auch eine Risikolebensversicherung empfiehlt sich.

Wie kommt meine Familie finanziell zurecht, wenn mir etwas zustoßen sollte? Und wie kommen wir alle finanziell klar, wenn ein Elternteil aus gesundheitlichen Gründen nicht mehr wie bisher arbeiten kann und dementsprechend Einkommen wegfällt? Spätestens mit der Geburt des ersten Kindes sollten Sie sich diese Fragen stellen. Mithilfe privater Versicherungen können Sie für diese Ernstfälle vorsorgen. Für die meisten Betroffenen gibt es zwar im Ernstfall auch etwas Geld aus der gesetzlichen Rentenversicherung, doch das wird in der Regel nicht reichen, um davon den bisherigen Lebensstandard zu halten (siehe „Ein Ernstfall in jungen Jahren", S. 91).

Risikolebensversicherung für die Eltern

Alle, die für andere finanziell sorgen, sollten unbedingt eine Risikolebensversicherung abschließen. Sie zahlt den Angehörigen eine größere Summe, sollte der Versicherte sterben. Die Versicherungssumme sollte etwa das Drei- bis Fünffache des Jahreseinkommens ausmachen.

Sinnvoll ist der Schutz aber nicht nur für den Hauptverdiener der Familie, sondern beispielsweise auch für eine Mutter, die in Elternzeit ist oder gerade erst wieder beginnt, Teilzeit zu arbeiten. Sollte ihr etwas zustoßen, wird der Partner finanzielle Mittel brauchen – entweder, weil er selbst die Kinderbetreuung übernimmt und dafür beruflich kürzertritt. Oder weil er eine Kinderbetreuung finanzieren muss.

Allzu sehr wird diese Versicherung Ihr Budget nicht belasten, wie die jüngste Untersuchung von Risikolebensversicherungen durch die Stiftung Warentest gezeigt hat. Demnach kann ein 35-jähriger Verwaltungsfachangestellter einen Vertrag mit 250 000 Euro Versicherungssumme und einer Laufzeit von 30 Jahren gegen einen Jahresbeitrag ab 210 Euro erhalten.

Manche Kunden müssen allerdings deutlich mehr zahlen, zum Beispiel Raucher. Einige Hobbys können je nach Anbieter ebenfalls zu höheren Beiträgen führen, etwa Kitesurfen und Rennradfahren. Im Einzelfall, etwa wenn der Kunde an Rennen teilnimmt oder dafür trainiert, kann es sogar sein, dass die Versicherer das Risiko komplett vom Schutz ausschließen. Immerhin: Gefährliche Hobbys müssen Sie nur bei Vertragsabschluss angeben, danach meist nicht mehr. Wer also ein gefährliches Hobby erst nach Vertragsabschluss beginnt, muss das meist nicht nachmelden.

Für Eltern kann es interessant sein, sich über eine gemeinsame Versicherung – die „Verbundene Leben" – gegenseitig abzusichern. Das ist oft günstiger als zwei einzelne Verträge. Allerdings wird die vereinbarte Versicherungssumme auch nur einmal ausgezahlt: beim Tod des zuerst Sterbenden.

Wie wertvoll der Schutz der Risikolebensversicherung sein kann, zeigt folgende Rechnung: Zahlt der Versicherer im Ernstfall die 250 000 Euro aus und legt der überlebende Ehepartner das Geld zu einem Zinssatz von 1 Prozent weiter an, könnte er knapp 15 Jahre lang jeden Monat 1 500 Euro etwa für Alltagsausgaben abheben, ehe das Notfallpolster aufgebraucht ist.

→ Kredit abbezahlen

Der Todesfallschutz wird umso wichtiger, wenn Sie einen Kredit – etwa für die Eigentumswohnung oder Ihr Haus – abbezahlen. In dem Fall können Sie den Kredit mit einer sogenannten Restschuldversicherung absichern. Die Besonderheit: Parallel zur sinkenden Kreditschuld sinkt auch die Versicherungssumme der Police.

Verlust der Arbeitskraft finanziell absichern

Das monatliche Gehalt von einem oder beiden Elternteilen ist in aller Regel die entscheidende Grundlage der familiären Budgetplanung. Fällt Einkommen weg, weil ein Elternteil aus gesundheitlichen Gründen nicht mehr so arbeiten kann wie bisher, muss wenn möglich eine Alternative her. Denn die Leistungen aus der gesetzlichen Rentenkasse reichen kaum als Ausgleich: Durchschnittlich liegen die Erwerbsminderungsrenten bei unter 750 Euro monatlich.

Gerade jüngere Arbeitnehmer haben das Problem, dass sie im Ernstfall nur eine sehr niedrige gesetzliche Rente erhalten. Eventuell gehen sie sogar komplett leer aus. Denn eine Voraussetzung für den Anspruch auf eine gesetzliche Erwerbsminderungsrente ist, dass in den vergangenen fünf Jahren mindestens drei Jahre Beiträge an die Rentenkasse geleistet wurden. Für junge Leute, die gerade erst in den Beruf eingestiegen sind, ergibt sich somit eine Lücke – sie weisen noch nicht genug Versicherungszeiten auf, um im Ernstfall tatsächlich die gesetzliche Rente zu beziehen. Ihnen ist daher unbedingt zu empfehlen, privat gegenzusteuern – umso mehr, wenn sie Familie haben.

Die beste Möglichkeit, um sich für den Fall zu wappnen, dass Sie kein eigenes Geld mehr verdienen können, ist eine Berufsunfähigkeitsversicherung. Sie springt ein und zahlt eine monatliche Rente, wenn der Versicherte eine bestimmte Zeit lang aus gesundheitlichen Gründen nicht in der Lage ist, zu mindestens 50 Prozent seiner bisherigen beruflichen Tätigkeit nachzugehen.

Allerdings ist der Berufsunfähigkeitsschutz nicht ganz billig: Will sich beispielsweise ein 30-jähriger Diplomkaufmann für den Ernstfall eine Monatsrente von 2000 Euro bei einer Vertragslaufzeit bis zum 67. Lebensjahr sichern, muss er mit Versicherungsbeiträgen ab knapp 820 Euro im Jahr rechnen. Für Beschäftigte in anderen, riskanteren Berufen wird es noch etwas teurer. So kann sich etwa ein 25-jähriger Industriemechaniker für einen Jahresbeitrag von knapp 900 Euro nur den Anspruch auf eine Monatsrente von 1500 Euro sichern.

„Je jünger und gesünder Sie sind, desto besser sind die Chancen auf ein finanziell attraktives und verbraucherfreundliches Angebot.

Eine weitere Hürde auf dem Weg zum Vertragsabschluss ist neben dem Preis für manch einen die Gesundheitsprüfung: Die Versicherer stellen den Interessenten Fragen zu ihrem Gesundheitszustand und zu bisherigen Erkrankungen – häufig für den Zeitraum der letzten fünf Jahre.

Hatte ein Antragsteller in dieser Zeit beispielsweise Allergien, Knie- oder Rückenbeschwerden, muss er damit rechnen, dass Versicherer damit verbundene Risiken vom Schutz vertraglich ganz ausschließen oder deshalb einen höheren Beitrag verlangen. Gab es zum Beispiel schon einmal eine Psychotherapie, Krebserkrankung oder einen Herzinfarkt, kann das häufig auch dazu führen, dass der Interessent keinen Vertrag erhält. Je jünger und gesünder Sie bei Vertragsabschluss sind, desto besser sind Ihre Chancen auf ein finanziell attraktives und verbraucherfreundliches Angebot für eine Berufsunfähigkeitsversicherung.

Nach der Geburt mehr Leistungen sichern

Wenn Sie schon einen Vertrag haben, kann es mit Geburt Ihres Nachwuchses sinnvoll sein, den bestehenden Schutz aufzustocken. Wenn Ihr Vertrag eine „Nachversicherungsgarantie" beinhaltet, ist das ohne eine erneute Gesundheitsprüfung möglich. Denn dann dürfen Sie die bis dato vereinbarte Rente zu vertraglich vereinbarten Anlässen – zum Beispiel zur Geburt eines Kindes – aufstocken, ohne dass Sie erneut Fragen zu Ihrer Gesundheit beantworten müssen.

Verlieren Sie aber nicht unnötig Zeit: Meist ist die Erhöhung jeweils nur bis zu sechs Monate nach Eintritt des jeweiligen Ereignisses möglich. Einige Anbieter erlauben die Nachversicherung allerdings auch ohne konkreten Anlass. Bedenken Sie aber, dass sich danach der fällige Beitrag erhöht.

Wollen Sie eine Berufsunfähigkeitsversicherung neu abschließen, empfiehlt es sich, parallel bei mehreren Versicherern einen Antrag zu stellen. Je nach Anbieter ist es möglich, den Berufsunfähigkeitsschutz eigenständig abzuschließen oder in Kombination mit einer Lebensversicherung. Infrage kommt die Kombination mit einer Risikolebensversicherung. Von einer Kombination mit einer Kapitallebens- oder Rentenversicherung sollten Sie eher die Finger lassen.

Sinnvolle Alternativen – aber mit Schwächen

Sie finden keinen passenden oder bezahlbaren Vertrag für den Berufsunfähigkeitsschutz? Dann gibt es einige Alternativen, zum Beispiel die Erwerbsunfähigkeitsversicherung. Für Beschäftigte, die einer körperlichen Arbeit nachgehen, ist dieser Schutz teilweise um 40 Prozent günstiger als eine Berufsunfähigkeitsversicherung. Allerdings greift der Schutz erst, wenn jemand fast überhaupt nicht mehr arbeiten kann – maximal drei Stunden täglich. Deshalb sollte – wenn möglich – die Berufsunfähigkeitsversicherung erste Wahl sein.

Um sich vor den dauerhaften körperlichen Folgen eines Unfalls zu schützen, kommt eine private Unfallversicherung infrage. Eine echte Alternative zur Berufsunfähigkeitsversicherung ist sie aber nicht, denn sie zahlt nur für die Folgen von Unfällen – nicht, wenn eine Erkrankung zum Ausstieg aus dem Berufsleben zwingt.

Trotzdem ist die Unfallversicherung durchaus sinnvoll, denn schon eine kleine Unachtsamkeit im Alltag kann enorme Folgen haben und zu dauerhaften körperlichen Einschränkungen führen: egal ob eine übersehene Treppenstufe oder ein Fahrradunfall an den Straßenbahnschienen.

Große Summe nach Unfall

Kommt es infolge eines „plötzlich von außen auf den Körper einwirkendes Ereignisses“ zu einer dauerhaften Invalidität, zahlt die private Unfallversicherung eine vorab vereinbarte Summe. Dauerhaft heißt in der Regel „für mindestens drei Jahre“. Die ausgezahlte Summe kann zum Beispiel genutzt werden, um das Zuhause behindertengerecht umzubauen oder dauerhaft eine Haushaltshilfe zu finanzieren.

Wie viel Geld ausgezahlt wird, hängt von der Versicherungssumme und vom Invaliditätsgrad ab. Je nachdem, wie hoch er ist, zahlen die Versicherer einen Anteil der Versicherungssumme aus. Den Invaliditätsgrad legen sie nach einer Liste der Körperteile, der sogenannten Gliedertaxe, fest.

Demnach beträgt der Invaliditätsgrad beispielsweise häufig 50 Prozent, wenn das Bein des Versicherten bis unterhalb des Knies nicht mehr funktionsfähig ist. Bei einer Versicherungssumme von 100 000 Euro würde das Unfallopfer somit 50 000 Euro ausgezahlt bekommen. Eine Querschnittlähmung bedeutet eine 100-prozentige Invalidität und Auszahlung der vollen vereinbarten Versicherungssumme – in dem Fall 100 000 Euro.

→ Progression

Als Versicherter mit einer privaten Unfallversicherung können Sie aber noch deutlich mehr bekommen, wenn Sie sich für einen Tarif mit Progression entscheiden. Enthält der Vertrag beispielsweise eine Progression von 500 Prozent, würde der Versicherte bei einer 100-prozentigen Invalidität nicht 100 000, sondern 500 000 Euro bekommen.

Beachten Sie aber unbedingt: Alles dürfen Sie sich mit der privaten Unfallversicherung nicht erlauben. Bei Tauchunfällen oder Verletzungen infolge von Fallschirmsprüngen zahlen die Versicherer häufig nicht. Außerdem: Im Gegensatz zur Berufsunfähigkeitsversicherung haben Sie mit der Unfallversicherung keinen Schutz für den Fall, dass Sie beispielsweise aufgrund einer Krebserkrankung nicht mehr arbeiten können und auf regelmäßige Hilfe angewiesen sind. Auch die Folgen einer psychischen Erkrankung haben mit der privaten Unfallversicherung nichts zu tun.

Und selbst wenn dem ersten Anschein nach alles für einen Unfall spricht, der unter den Schutz der Versicherung fällt, kann es letztlich doch passieren, dass Sie kein Geld bekommen.

Beispiel: Familienvater Peter stolpert auf dem Heimweg vom Sport und verdreht sich das Knie so sehr, dass er sein Bein anschließend nur noch eingeschränkt bewegen kann. Die Folgen dieses plötzlichen Sturzes müssten doch versichert sein?

Ja, aber nicht immer. Was, wenn Peter zum Beispiel gestürzt ist, weil er einen epileptischen Anfall hatte? In dem Fall oder etwa bei einem Sturz aufgrund von Kreislaufproblemen würde die Unfallversicherung die Zahlung verweigern, da eine Bewusstseinsstörung zu dem Unfall geführt hat. Und Unfälle infolge dessen sind in der Regel vom Schutz der Versicherer ausgeschlossen. In besseren Tarifangeboten sind allerdings Unfälle bei Bewusstseinsstörungen aufgrund von Medikamenten- oder Alkoholeinnahme, zumindest bis zu einem bestimmten Blutalkoholspiegel, mitversichert.

Wenn Sie selbst eine Unfallversicherung haben: Schauen Sie in die Vertragsbedingungen. Es kann sein, dass der Vertrag zusätzlich Schutz für Ihr Kind beinhaltet – zum Beispiel für das erste Jahr nach der Geburt. So lange können Sie auf eine zusätzliche Unfallversicherung fürs Kind verzichten.

Auf Tour
Auf dem Weg zur Schule sind Kinder über die gesetzliche Unfallversicherung geschützt. Für die Freizeit ist Schutz über eine private Versicherung sinnvoll.

Die Kinder absichern

Gerade wenn die Keinen langsam mobil werden, steigt für sie das Unfallrisiko. Deshalb ist es sinnvoll, wenn Sie sich auch um den Invaliditätsschutz für Ihre Kinder kümmern. Es gibt zwar die gesetzliche Unfallversicherung, doch sie bringt Kindern nichts, wenn sie beispielsweise beim Toben zu Hause verletzt werden. Wenn sie hingegen später in der Kita oder auf dem Weg dorthin einen Unfall haben, können sie Leistungen aus der gesetzlichen Sozialversicherung erhalten.

Doch im Alltag bleiben Lücken im gesetzlichen Schutz. Dagegen können Sie sich zum Beispiel mit einer Kinderinvaliditätsversicherung wappnen. Mit dieser Police sichern Sie sich eine finanzielle Leistung – eine Rente und/oder eine Einmalzahlung – für den Fall, dass Ihr Kind schwer behindert wird. Dieses Geld kann dringend notwendig werden, wenn Tochter oder Sohn zum Beispiel infolge einer schweren Krankheit 24 Stunden am Tag auf Hilfe angewiesen sind und Mutter oder Vater dafür komplett aus dem Berufsleben aussteigen müssen.

Es spielt keine Rolle, was die Ursache für die Invalidität war – ob es zum Beispiel ein Unfall oder eine angeborene Krankheit war. Diese Rundumabsicherung hat allerdings ihren Preis und kann einige Hundert Euro im Jahr kosten.

Weitaus günstiger ist eine Kinderunfallversicherung. Diese zahlt allerdings nur für dauerhafte Gesundheitsschädigungen infolge eines Unfalls. Wenn Ihnen das reicht oder Ihnen die umfangreichere Kinderinvaliditätsversicherung zu teuer ist, kann die Unfallversicherung eine sinnvolle Alternative sein.

Achten Sie aber darauf, dass Sie keinen Vertrag mit Beitragsrückgewähr abschließen. Ein solcher Vertrag beinhaltet, dass das Versicherungsunternehmen einen Teil der gezahlten Beiträge zurückerstattet, wenn Sie als Kunde keine Leistungen in Anspruch nehmen. Dieses Extra treibt den Preis für den Unfallschutz in die Höhe.

Mein Hab und Gut und das der Anderen

Eine Privathaftpflichtversicherung ist für jede Familie wichtig. Den Schutz für Wohnungseinrichtung und Auto sollten Sie regelmäßig überprüfen und eventuell anpassen.

Sie waren einkaufen, und Ihre Mutter hat in der Zeit auf Ihre kleine Tochter aufgepasst. Sie wollen die Kleine nun im Fahrradanhänger abholen. Als Sie an parkenden Autos vorbeifahren, unterschätzen Sie, wie breit Sie durch den Anhänger sind, und rammen ein Fahrzeug. Selbst wenn so „nur" ein Blechschaden entstanden ist, ist er ärgerlich und kann ins Geld gehen.

Mit einer Privathaftpflichtversicherung sind Sie auf der sicheren Seite, sie springt nach einem solchen Fahrradunfall ein. Der Versicherer kommt für Personen-, Sach- und Vermögensschäden auf, die Sie verschulden oder unabsichtlich verursachen.

Ohne Haftpflichtversicherung müssten Sie selbst für den Schaden aufkommen: Denn per Gesetz haften Sie mit Ihrem gesamten Vermögen für Schäden, die Sie anderen zufügen – ganz gleich ob als Radfahrer, Fußgänger oder in einer anderen Alltagssituation. Den Blechschaden könnten Sie vermutlich noch irgendwie selbst bezahlen, aber wie sieht es aus, wenn Sie als Radfahrer nicht ein parkendes Auto getroffen hätten, sondern einen anderen Radler, dem Sie die Vorfahrt genommen haben? Ist der Radler schwer verletzt, müssten Sie auch für dessen medizinische Versorgung aufkommen – im ungünstigen Fall außerdem für Verdienstausfall und Rente. Auf eine Privathaftpflichtversicherung sollten Sie deshalb – mit oder ohne Kind – nie verzichten.

Wer ist wie und bei wem versichert?

Kinder sind bis zum Ende der Ausbildung über den Vertrag Ihrer Eltern mitversichert. Sobald Sie aber Ihre Ausbildung abgeschlossen haben, benötigen Sie eine eigene Privathaftpflichtversicherung. Sobald Sie einen Partner kennenlernen und letztlich eine Familie gründen, ist es möglich, gemeinsam Schutz über einen Vertrag zu bekommen:

- **Ohne Trauschein zu zweit:** Wenn Sie mit Ihrem Partner erstmals zusammenziehen, reicht eine Privathaftpflichtversicherung für beide. Sind Sie nicht verheiratet, kann ein Partner in den Vertrag des anderen aufgenommen werden. Er muss dort namentlich mit genannt werden. Die zweite dann überflüssige Police

Sicher von A nach B
An das Fahren mit einem Fahrradanhänger für den Nachwuchs muss sich manch einer erst einmal gewöhnen. Läuft etwas schief, springt in der Regel die Haftpflichtversicherung ein.

können Sie zum nächstmöglichen Termin ordentlich kündigen, je nach Versicherer eventuell auch früher.

- **Zwei Verträge:** Ohne Trauschein können Sie aber auch beide Verträge behalten. Das hätte den Vorteil, dass Sie Schäden, die Sie sich aus Versehen gegenseitig zufügen, vom Versicherer des Partners erstatten lassen können. Wenn Sie über denselben Vertrag versichert sind, zahlt der Versicherer nicht für gegenseitige Schäden.
- **Hochzeit:** Wenn Sie beide bei der Hochzeit noch eigene Haftpflichtverträge haben, haben Sie ein Sonderkündigungsrecht. Sie können den jüngeren direkt nach der Hochzeit kündigen und nicht erst zum Ende des Versicherungsjahres.
- **Familie:** Ihre Kinder sind automatisch über die Haftpflichtversicherung der Eltern geschützt, sicherheitshalber sollten Sie aber den Versicherer informieren, wenn ein neues Familienmitglied auf die Welt kommt. Es lohnt sich dann eventuell, den Vertrag etwas umzustellen (siehe „Wertvolle Extras“, S. 142).
- **Sind die Eltern** nicht verheiratet und haben je einen eigenen Vertrag, genießt das Kind über beide Verträge Schutz.

Auf den neuesten Stand bringen

Haben Sie bisher keine Haftpflichtversicherung, finden Sie am Markt zahlreiche sehr gute Angebote, die nicht allzu teuer sind. Sehr guten Schutz für Familien gibt es bereits ab gut 100 Euro Jahresbeitrag.

Oder haben Sie Ihre Haftpflichtversicherung schon einige Jahre – zum Beispiel, weil Sie den Vertrag mit Anfang oder Mitte 20 direkt nach Ausbildung oder Studium abgeschlossen haben? Auch dann sollten Sie aktiv werden: Haben Sie seit mindestens fünf Jahren nichts an Ihrem Versicherungsschutz geändert, sollten Sie ihn an die heutige Zeit anpassen und zum Beispiel die Versicherungssumme erhöhen.

Es kann gut sein, dass ein neuer, leistungsstarker Tarif sogar günstiger ist als Ihr bisheriger „alter“ Tarif.

Um Ihnen die Tarifauswahl zu erleichtern, hat die Stiftung Warentest einen Grundschutz definiert, den die Angebote beinhalten sollten. Dazu gehört, dass der Tarif eine Versicherungssumme von mindestens 5 Millionen Euro pauschal für Personen- und Sachschäden bieten sollte.

In dieser Höhe sollten auch Schäden durch häusliche Abwässer und die sogenannten Allmählichkeitsschäden abgesichert sein: Das sind Schäden, die Mietern und Hauseigentümern etwa durch Feuchtigkeit, Ruß, Rauch oder Staub im Laufe der Zeit entstehen. Der Versicherer zahlt beispielsweise für die Erneuerung einer Wand, wenn der Versicherte versehentlich eine Leitung angebohrt hat und das Wasser, das mit der Zeit austritt, einen Schaden verursacht.

Erst seit einigen Jahren gehört auch zum Grundschutz, dass Schäden an fremden Computern, die etwa durch unbeabsichtigt übertragene Viren entstanden sind, bis mindestens 50 000 Euro versichert sein sollten. In älteren Verträgen dürfte diese Leistung nicht genannt sein. Zwar gilt dann: Leistungen, die nicht ausdrücklich vom Versicherungsschutz ausgeschlossen sind, muss der Versicherer übernehmen. Es kann aber sein, dass er sich zunächst weigert, einzuspringen. Wenn Sie es nicht auf eine Auseinandersetzung ankommen lassen wollen, suchen Sie sich lieber einen neuen Tarif, der diese Leistung ausdrücklich beinhaltet.

Wer kennt sich aus?

Eine genaue Übersicht zum Grundschutz finden Sie im Internet unter www.test.de/privathaftpflicht. Hier können Sie zudem die aktuellen Testergebnisse nachlesen und nach günstigen und leistungsstarken Angeboten suchen.

Wertvolle Extras für Familien

Kinder sind automatisch über die Haftpflichtversicherung Ihrer Eltern geschützt. Doch Sie sollten sich darüber im Klaren sein, dass Sie gerade in den ersten Jahren nach der Geburt womöglich kein Geld vom Versicherer bekommen, wenn Sohn oder Tochter etwas anstellen. Denn Kinder unter sieben Jahren sind nicht deliktfähig. Im Straßenverkehr gilt eine Altersgrenze von zehn Jahren. Damit haften sie auch nicht für die entstandenen Schäden. Als Eltern haften Sie in solchen Fällen nur, wenn Sie Ihre Aufsichtspflicht verletzt haben.

Ist den Eltern kein Vorwurf zu machen, muss auch die Haftpflichtversicherung der Familie nicht für den Schaden aufkommen, wenn beispielsweise die einjährige Tochter blitzschnell das Handy der Nachbarin an sich reißt und aus Versehen fallen lässt. Entweder bleibt die Nachbarin auf den Kosten sitzen, oder die Eltern übernehmen sie, weil sie keinen Streit wollen.

Diese unschönen Situationen können Familien vermeiden, wenn sie einen Haftpflichtvertrag wählen, der als Extraleistung „Schäden durch deliktunfähige Kinder“ mit einschließt: Dann springt der Versicherer zumindest bis zu einer bestimmten, vertraglich vereinbarten Grenze ein.

Darüber hinaus gibt es weitere Leistungen der Versicherer, die zwar unter Umständen extra kosten, die aber sinnvoll sein können und helfen, Streit zu vermeiden.

Beispiel: Ein befreundetes Ehepaar zieht um. Bei letzten Aufräumarbeiten packen Sie mit an. Sie stolpern, die Bohrmaschine Ihres Freundes rutscht Ihnen aus der Hand und geht kaputt.

Nicht jeder Versicherer übernimmt einen solchen Schaden. Schäden, die im Zuge von Freundschaftsdiensten entstehen, sind grundsätzlich vom Versicherungsschutz ausgeschlossen. Ihre Freunde, die Sie beim Umzug unterstützt haben, würden also auf dem Schaden an der Bohrmaschine sitzen bleiben. Es gibt allerdings Versicherer, die trotzdem dafür aufkommen, zumindest bis zur Höhe von einigen Tausend Euro.

Ähnlich ist es bei gemieteten oder geliehenen Gegenständen. Fällt Ihnen die Digitalkamera aus der Hand, die Sie sich von Ihrer Schwester für den Urlaub geborgt haben, helfen die Versicherer nicht immer weiter. Einige Anbieter zahlen aber, zum Teil auch, wenn die Kamera gestohlen würde.

Manche Zusatzverträge Pflicht

Doch selbst wenn Sie einen sehr guten Privathaftpflichttarif mit vielen Leistungen abgeschlossen haben, reicht das in bestimmten Lebensbereichen nicht aus: Als Halter eines Fahrzeugs benötigen Sie eine Kfz-Haftpflichtversicherung. Haben Sie einen Hund, müssen Sie als Tierhalter in vielen Bundesländern mittlerweile zusätzlichen Schutz in Form einer Tierhalter-Haftpflichtversicherung abschließen.

Aktiv werden sollten Sie außerdem als Vermieter und als Bauherr: Sprechen Sie mit Ihrem Versicherer, ob der Schutz der Privathaftpflichtversicherung ausreicht – etwa bei kleineren Umbaumaßnahmen am eigenen Haus oder wenn Sie eine Einliegerwohnung vermieten. Reicht der Schutz nicht, sollten Sie eine Bauherren-Haftpflichtversicherung beziehungsweise eine Haus- und Grundbesitzerhaftpflichtversicherung abschließen.

Gut geschützt unterwegs

Die Kfz-Haftpflichtversicherung springt ein, wenn durch Ihr Fahrzeug ein anderer Verkehrsteilnehmer geschädigt wird. Doch was, wenn Sie selbst beim Einparken einen Pfeiler übersehen und Ihr eigener Wagen danach eine dicke Beule hat? Oder ein Marder beißt die Leitungen kaputt, sodass Sie mit Ihrem Wagen erst einmal in die Werkstatt müssen?

Um sich gegen die finanziellen Folgen durch Schäden am eigenen Fahrzeug abzusichern, benötigen Sie eine Kasko-Versicherung – Teil- oder Vollkasko. Für Neuwagen oder neuere Autos empfehlen wir auf jeden Fall die Vollkaskoversicherung. Sie kommt zum Beispiel für Schäden am eigenen Fahr-

HÄTTEN SIE'S GEWUSST?

Schäden, die Sie mit Ihrem Fahrzeug anderen Verkehrsteilnehmern zufügen, sind ein Fall für die Kfz-Haftpflichtversicherung.

Schäden an Ihrem Fahrzeug, zum Beispiel durch Brand, Explosion, Diebstahl oder Elementarereignisse wie Sturm oder Überschwemmungen, sind über eine Teilkaskoversicherung abgedeckt. Das gilt auch für Glasschäden und nach Wildunfällen.

Schäden am eigenen Wagen durch selbst verschuldete Unfälle und Vandalismus können Sie über eine Vollkaskoversicherung zusätzlich absichern.

zeug nach einem selbst verschuldeten Unfall auf (siehe „Hätten Sie's gewusst").

Der Preis für die Autoversicherung hängt von zahlreichen Faktoren ab, zum Beispiel vom Wohnort, Ihrem Alter, vom Fahrzeugtyp und davon, ob Sie eine Garage haben oder nicht. Als junge Familie haben Sie häufig etwas bessere Chancen auf eine günstige Versicherung als etwa ein älterer Fahrer. Sobald allerdings ein Fahranfänger Ihr Auto mit benutzt, steigt der Beitrag oft an.

Beim Haftpflichtschutz sollten Sie in erster Linie auf hohe Deckungssummen – 50 oder 100 Millionen Euro pauschal – und auf den Preis achten, beim Kaskoschutz zusätzlich auf die Leistungen: Wie lange erstattet der Kaskoversicherer bei einem Neuwagen nach einem Unfall beispielsweise den Neu- und nicht den Zeitwert? Welche Tierschäden übernimmt er? Kommt er für Schäden verursacht durch Marderbisse auf und trägt er auch Folgeschäden? Wenn Sie lange unfallfrei gefahren sind, kann beispielsweise gegen einen etwas höheren Beitrag auch ein Rabattschutz interessant sein. Dann verlieren Sie nicht gleich beim ersten Schaden den bisherigen Schadenfreiheitsrabatt und zahlen nicht sofort höhere Beiträge.

Sicher im Ausland

Klären Sie bei Ihrem alten oder einem neuen Autoversicherer, wie Sie geschützt sind, wenn Sie mit Ihrem Auto im Ausland unterwegs sind. Prüfen Sie zum Beispiel, ob in Ihrer Kfz-Haftpflichtversicherung eine Aus-

Alles muss mit

Geht es mit dem Auto in den Urlaub, ist die Packerei für manche Familie eine besondere Herausforderung. Der passende Versicherungsschutz sollte in jedem Fall mitfahren.

landsschadenschutzpolice integriert ist. Mit ihr genießen Sie nach einem unverschuldeten Unfall im Ausland besseren Schutz. Wenn jemand Sie schädigt, springt zwar die gegnerische Versicherung ein, doch womöglich reicht das nicht aus. Denn die Deckungssummen im Ausland sind zum Teil deutlich niedriger als in Deutschland. Mit der Auslandsschadenschutzpolice werden Sie so gestellt, als ob auch Ihr Unfallgegner nach deutschem Standard versichert wäre.

Ein Schutzbrief als Ergänzung zur Kfz-Versicherung kann ebenfalls sinnvoll sein: Die Versicherer bieten dann finanzielle und organisatorische Unterstützung, wenn Ihr Fahrzeug zum Beispiel nach Panne oder Unfall abgeschleppt werden muss und Sie gezwungen sind, an einem fremden Ort zu übernachten. Prüfen Sie vor Vertragsabschluss aber, ob Ihnen diese Leistungen nicht schon anderweitig sicher sind, etwa als Mitglied in einem Automobilclub.

Unsere Wohnung – unser Zuhause

Was passiert, wenn an unseren eigenen Sachen etwas kaputtgeht – wenn etwa der Schlauch der Waschmaschine platzt und das ganze Bad samt Flur unter Wasser steht? Was ist, wenn bei uns eingebrochen wird oder wenn ein Blitz einschlägt und PC und Fernseher außer Gefecht setzt?

Solche Schäden an der eigenen Wohnungseinrichtung sind ein Fall für die Hausratversicherung. Sie springt ein, wenn ein Feuer, Blitzschlag, Leitungswasser, eine Explosion, Sturm oder Hagel den versicherten Hausrat beschädigen oder zerstören. Außerdem ersetzt sie die Kosten für die Wiederbeschaffung von Gegenständen nach einem Raub oder Einbruchdiebstahl.

Sie benötigen eine Hausratversicherung, wenn Sie den Verlust Ihrer Einrichtung finanziell nicht verkraften können. Solange die Einrichtung noch nicht den großen Wert hat – etwa in der Ausbildung –, können Sie sich den Schutz häufig noch sparen. Im Laufe der Jahre wird er aber meist sinnvoll.

Wenn Sie eine Hausratversicherung abschließen, überprüfen Sie in den folgenden Jahren regelmäßig, ob die Versicherungssumme noch zum Wert Ihres Hausrats passt. Achtung: Es zählt der Neuwert der jeweiligen Einrichtungsstücke. Ist die Versicherungssumme zu niedrig, riskieren Sie, dass Sie einen Schaden nicht komplett erstattet bekommen und der Versicherer nur anteilig zahlt. Im Internet finden Sie unter www.test.de/hausratliste eine Wertermittlungsliste, die Ihnen beim Rechnen hilft.

Als Alternative bieten die Hausratversicherer in der Regel einen sogenannten Unterversicherungsverzicht an. Dann wird jeder Quadratmeter Wohnraum pauschal mit einer bestimmten Summe versichert. Fragen Sie vor Vertragsabschluss am besten die Beiträge für beide Alternativen ab und entscheiden dann, was für Sie geeigneter ist.

Fahrrad, Kinderwagen, Gewitter

Wenn Sie einen bestehenden Vertrag prüfen oder einen neuen Vertrag suchen, achten Sie neben der Versicherungssumme noch auf einige andere Punkte in den Bedingungen. Zum Beispiel: Zahlt der Versicherer auch, wenn Ihnen der Kinderwagen aus dem Treppenhaus gestohlen wird? Dieses Extra ist in einigen Tarifen integriert, aber nicht in allen.

Oder: Unter welchen Voraussetzungen zahlt der Versicherer bei Fahrraddiebstahl? In Standardtarifen für die Hausratversicherung ist das Fahrrad zwar gegen Diebstahl versichert, allerdings nur, wenn es beispielsweise aus der eigenen Wohnung oder aus einem aufgebrochenen Keller gestohlen wird. Doch vermutlich wollen Sie auch Schutz für den Fall, dass es abgeschlossen vor dem Supermarkt oder im Hof geklaut wird – bei Tag oder bei Nacht?

Dann müssen Sie eventuell den bestehenden Schutz aufstocken oder nach einem anderen Tarif suchen. Prüfen Sie außerdem, bis zu welcher Summe Fahrraddiebstahl mit abgesichert ist. Häufig ist es möglich, Fahrräder mit bis zu 5 Prozent der Versicherungssumme zu schützen.

→ Fahrradanhänger

Sie kaufen für Ihr eigenes Rad einen Anhänger für den Nachwuchs? Erkundigen Sie sich bei Ihrem Hausrat oder Fahrradversicherer, ob und wie er gegen Diebstahl versichert ist. Hier gehen die Versicherer nicht einheitlich vor. Es kann sein, dass der Anhänger zum Beispiel nur versichert ist, wenn er gemeinsam mit dem Rad gestohlen wird. Vielleicht haben Sie aber auch Schutz, wenn der im Hof abgestellte Anhänger wegkommt.

Ein weiteres besonderes Risiko, das Sie im Blick behalten sollten, sind die „Überspannungsschäden" infolge eines Gewitters. Über eine Hausratversicherung sind grundsätzlich Schäden versichert, die entstehen, wenn der Blitz direkt ins Haus einschlägt und Musikanlage oder Computer lahmlegt. Allerdings ist das Risiko, dass der Blitz in die Leitungen außerhalb des Versicherungsortes einschlägt und dadurch technische Geräte beschädigt werden, größer. In teuren

Kinderfahrräder werden schnell zu klein, deshalb werden viele Eltern nicht jedes Rad nagelneu kaufen: Wenn Sie ein gebrauchtes Rad über das Internet oder im Bekanntenkreis erwerben, fragen Sie, ob Sie die Originalkaufquittung bekommen können. Diese benötigen Sie als Beleg für den Hausratversicherer, wenn er nach einem Diebstahl einspringen soll.

Versicherungstarifen sind diese Überspannungsschäden oft enthalten.

Wenn nicht, zahlen die Versicherer nur, wenn der Schutz zusätzlich vereinbart wurde. Ermitteln Sie deshalb, welche technischen Geräte Sie haben, und passen Sie den Schutz im Laufe der Jahre immer wieder an. Finanztest empfiehlt, Überspannungsschäden mit mindestens 10 Prozent der Versicherungssumme mitzuversichern.

Wohngebäudeversicherung für Hausbesitzer unverzichtbar

Wenn Sie in eine eigene Immobilie ziehen, kommt ein weiterer Vertrag auf Sie zu: die Wohngebäudeversicherung. Nur durch sie können Sie das Haus gegen Feuer, Sturm und Hagel sowie gegen Leitungswasserschäden absichern. Es ist zwar möglich, diese Risiken einzeln zu versichern, doch es empfiehlt sich, den Dreifachschutz zu wählen.

Solange Sie das Haus noch per Kredit finanzieren, verlangen Ihre Gläubiger die Versicherung. Und auch danach, wenn alle Schulden längst getilgt sind, sollten Sie auf den Versicherungsschutz auf keinen Fall verzichten. Vor allem Brandschäden können die Existenz gefährden.

Nehmen Sie sich bei der Suche nach einer passenden Versicherung genügend Zeit. Denn es gibt deutliche Unterschiede, etwa beim Beitrag. Die Höhe der Beiträge hängt vom Wert des Hauses, von dessen Lage und eben vom Anbieter ab.

Achten Sie darauf, dass die Versicherungssumme für Ihre Immobilie hoch genug ist. Um sicherzugehen, dass Sie das Haus tatsächlich hoch genug versichern, lassen Sie den Wert am besten durch das Versicherungsunternehmen ermitteln. So können Sie verhindern, dass Sie unterversichert sind. Sonst kann es Ihnen passieren, dass der Versicherer Ihnen im Ernstfall nicht den kompletten Schaden erstattet.

Bestimmte Grundleistungen wie den finanziellen Ersatz für den Wiederaufbau nach einem Brand bieten alle Wohngebäudeversicherer, wenn der Schutz gegen Feuer vereinbart wurde. Doch es kann sich lohnen, wenn Ihr Vertrag mehr beinhaltet: Prüfen Sie zum Beispiel, ob der Versicherer auch Kosten für den Abtransport von Schutt und den Resten eines zerstörten Hauses bis mindestens 50 000 Euro übernimmt.

Wenn Sie eine elektronisch gesteuerte Heizungsanlage haben, kann es zudem sinnvoll sein, Überspannungsschäden – also Schäden durch einschlagende Blitze – mit abzusichern. Auch sinnvoll: Entscheiden Sie sich für einen Tarif, der Ihnen vollen Schutz bietet, wenn ein Schaden aufgrund von grober Fahrlässigkeit herbeigeführt wurde.

Kein automatischer Schutz bei Überschwemmung

Eine weitere wichtige, zu klärende Frage: Wünschen Sie sich den Schutz vor Elementarschäden wie Überschwemmungen? Das Problem: Tritt der nahe gelegene Fluss über die Ufer, zahlt die Wohngebäudeversicherung nicht automatisch. Der Versicherer kommt nur für den Schaden am Haus auf, wenn Sie den Schutz um eine Elementarschadenversicherung erweitert haben.

Allerdings müssen Sie einplanen, dass Hausbesitzer, die in „riskanten" Gebieten leben und häufig mit Hochwassern rechnen müssen, oftmals gar nicht den gewünschten Schutz vor Naturereignissen bekommen oder dafür besonders viel zahlen müssen.

Ihr gutes Recht durchsetzen

Rund um Haus, Wohnung oder Auto oder in anderen Alltagssituationen kann es immer wieder zu Streit kommen – mit den Nachbarn, Handwerkern, Ämtern. Oder Ihnen passiert ein Missgeschick auf dem Parkplatz vor dem Supermarkt: Sie wollen ihn verlassen, plötzlich rammt Sie ein anderes Fahrzeug. Wer hat Schuld? Selbst wenn es nur ein Blechschaden ist, sind viele Autofahrer froh, wenn sie einen Rechtsanwalt um Rat fragen können, der sie im Umgang mit der Polizei, dem Unfallgegner und dessen Versicherung unterstützt. Der Rechtsschutzversicherer trägt die Kosten für den Anwalt und für eine eventuelle Gerichtsverhandlung.

Neben dem Verkehrsrechtsschutz können Sie sich mit der passenden Versicherung für weitere Streitereien wappnen. Je nach Vertrag springt der Versicherer für die Anwaltskosten ein, wenn Sie zum Beispiel mit Ihrem Vermieter streiten oder es Schwierigkeiten mit der Krankenkasse gibt. Allerdings genießen Sie mit einer Rechtsschutzversicherung keinen Rundum-sorglos-Schutz. So sind etwa Streitigkeiten um Erbschaften oder Scheidungsangelegenheiten in der Regel vom Versicherungsschutz ausgeschlossen, oder die Kosten werden nur zu einem geringen Teil übernommen.

Wenn Sie bereits eine Rechtsschutzversicherung haben, prüfen Sie anhand der Vertragsbedingungen, welche Lebensbereiche abgesichert sind. Fragen Sie den Versicherer oder einen anderen Anbieter nach einem Alternativtarif, wenn Ihnen wichtige Leistungen fehlen. Überlegen Sie aber auch, ob Sie beim Schutz abspecken können – wollen Sie zum Beispiel Arbeitsrechtschutz, obwohl Sie als Gewerkschaftsmitglied Rechtsberatung bekommen könnten?

Checkliste

Versicherungen richtig kündigen

Sie wollen Ihren Anbieter wechseln oder eine Police komplett loswerden? Damit es zum richtigen Zeitpunkt mit dem Ausstieg aus dem Vertrag klappt, müssen Sie einiges beachten:

- ☐ **Fristen einhalten:** Für viele Verträge wie Hausrat-, Wohngebäude- und Privathaftpflichtversicherung gilt eine Kündigungsfrist von drei Monaten. Sie dürfen zum Vertragsende kündigen und danach jährlich zum Ende des Versicherungsjahres. Dieses ist oft, aber nicht immer, identisch mit dem Kalenderjahr. Bei Verträgen, die länger als drei Jahre laufen, ist die Kündigung erstmals zum Ende des dritten Jahres möglich, danach jährlich. In der Kfz-Versicherung beträgt die Frist für die ordentliche Kündigung einen Monat zum Ende des Versicherungsjahres – nur bei älteren Kaskoverträgen drei Monate. Weil das Versicherungsjahr bei vielen Anbietern identisch ist mit dem Kalenderjahr, muss Ihre Kündigung dann bis zum 30. November beim Versicherer vorliegen.
- ☐ **Sonderfälle nutzen:** Nach einem Schadensfall dürfen Sie in der Regel direkt kündigen – dann mit einer Frist von einem Monat. Auch wenn der Versicherer Ihnen eine Beitragserhöhung ankündigt, ist der Ausstieg mit einer Kündigungsfrist von einem Monat möglich.
- ☐ **Schriftlich kündigen:** Suchen Sie die Daten heraus, wann Sie aus Ihren Verträgen herauskommen. Kündigen Sie diese schriftlich und senden Sie die Kündigung per Einschreiben mit Rückschein. Die Kündigung müssen Sie unterschreiben. Damit der Versicherer weiß, um welchen Vertrag es sich handelt, sollten Sie die Versicherungsnummer/Versicherungsscheinnummer in die Betreffzeile schreiben.
- ☐ **Kündigung begründen:** Eine ordentliche Kündigung müssen Sie nicht begründen. Bei einer außerordentlichen Kündigung – etwa wegen Beitragserhöhung – geben Sie den jeweiligen Grund aber mit an. Bitten Sie den Versicherer um eine Kündigungsbestätigung.

Hilfe

Fachbegriffe erklärt

Aktie: Eine Aktie ist ein Anteilsschein, mit dem Sie einen Bruchteil eines Unternehmens kaufen. Dadurch werden Sie Miteigentümer einer Aktiengesellschaft (AG) und sind an deren Erfolg oder Misserfolg beteiligt. Feste Erträge bietet diese Form der Geldanlage nicht. Sie profitieren nur dann, wenn es dem Unternehmen gut geht und die Aktie dadurch an Wert gewinnt. Wenn Sie Anteile an einem Aktienfonds erwerben, beteiligen Sie sich an mehreren Unternehmen.

Anleihe: Ein Wertpapier, das regelmäßig Zinsen bringt. Sie wird auch Schuldverschreibung, Rentenpapier, Obligation oder Bond genannt. Im Grunde ist sie eine Art Schuldschein eines Unternehmens oder eines Staates, dem Sie mit Ihrem Kauf der Anleihe Geld leihen. Im Gegenzug kommt der Verkäufer dadurch langfristig an Fremdkapital. Anleihen haben anders als Aktien eine feste Laufzeit. Am Ende dieser Laufzeit bekommen Sie als Käufer der Anleihe Ihr Geld plus Zinsen zurück.

Anwartschaftsversicherung: Besondere Leistung in der privaten Krankenversicherung. Benötigt ein Versicherter vorübergehend die Leistungen aus dem Versicherungsvertrag nicht, sichert er sich mit der Anwartschaftsversicherung die Möglichkeit, zu einem späteren Zeitpunkt ohne erneute Gesundheitsprüfung wieder in den Vertrag einsteigen zu können.

Beitragsbemessungsgrenze: Höchstbetrag des Bruttoeinkommens, für das Versicherte Beiträge zur Sozialversicherung leisten müssen. Einnahmen, die über diese Grenze hinausgehen, bleiben bei der Betragsberechnung unberücksichtigt. Die Grenzen werden jedes Jahr neu festgelegt.

Beitragsfreistellung: Kann ein Versicherungsnehmer beispielsweise den Beitrag für eine private Rentenversicherung nicht mehr aufbringen, kann er seinen Vertrag beitragsfrei stellen lassen. Dann wird der Vertrag quasi auf dem aktuellen Stand eingefroren.

Beitragssatz: Das ist ein bestimmter Anteil des Bruttoeinkommens, der zu den einzelnen Zweigen der Sozialversicherung fällig wird. Für die gesetzliche Krankenversicherung liegt der allgemeine Beitragssatz 2017 bei 14,6 Prozent. Zusätzlich dürfen die Krankenkassen von ihren Mitgliedern einkommensabhängige Zusatzbeiträge erheben. Der Beitragssatz für die gesetzliche Rentenversicherung liegt 2017 bei 18,7 Prozent.

Berücksichtigungszeit: Sie soll Nachteile in der Rentenversicherung ausgleichen, die durch fehlende oder niedrige Beiträge entstehen, etwa weil die Versicherte Kinder erzogen hat. Berücksichtigt wird dann die Zeit von der Geburt bis zum vollendeten zehnten Lebensjahr des Kindes. Die Berücksichtigungszeit wirkt sich bei der Wartezeit aus und kann sich bei der Rentenhöhe positiv bemerkbar machen.

Betreuungsunterhalt: Bei Trennung und Scheidung kann der Elternteil, der ein Kind unter drei Jahren in seinem Haushalt betreut, neben dem Kindesunterhalt vom anderen Elternteil Betreuungsunterhalt für sich fordern. Über das dritte Lebensjahr des Kindes hinaus besteht der Anspruch aber nur noch, wenn der betreuende Elternteil besondere Gründe anführen kann, die gegen die Aufnahme einer Erwerbstätigkeit sprechen.

Bezugsberechtigter: Die Person, die beispielsweise bei einer Risikolebensversicherung bestimmt wurde, die Todesfallleistung zu beziehen.

Depot: Wertpapiere wie Aktien, Anleihen und Fonds werden in einem Depot verwahrt. Es stellt eine Art Konto dar, auf dem Zu- und Abgänge verbucht werden. Die Depotstelle – eine Bank oder Fondsgesellschaft – kümmert sich darum, dass Geld aus Verkäufen oder Ausschüttungen dem Girokonto gutgeschrieben oder wieder angelegt wird.

Durchschnittseinkommen: Einkommen, das Versicherte in der gesetzlichen Rentenversicherung in Deutschland im Durchschnitt eines Jahres verdienen. An diesem Wert orientiert sich zum Beispiel, wie hoch die Rentenansprüche sind, die durch die Arbeit eines Jahres erworben werden. Denn wer genau das Durchschnittseinkommen in einem Jahr verdient, erhält einen sogenannten Entgeltpunkt für sein

Rentenkonto gutgeschrieben. Das voraussichtliche Durchschnittseinkommen für 2017 beträgt 37103 Euro. Dieser Wert kann sich im Nachhinein allerdings noch ändern. Endgültig festgelegt wird das jeweilige Durchschnittseinkommen immer erst im übernächsten Jahr.

Entgeltpunkt: Entscheidend für die Höhe einer Rente aus der gesetzlichen Rentenversicherung ist, wie viele Entgeltpunkte ein Versicherter im Lauf seines Arbeitslebens erworben hat, denn jeder Punkt wird mit dem sogenannten aktuellen Rentenwert multipliziert und hat damit einen finanziellen Gegenwert. Wer in einem Jahr so viel verdient wie der Durchschnitt aller Beitragszahler, erhält einen Entgeltpunkt. Verdient er mehr oder weniger, bekommt er folglich entsprechend mehr oder weniger Punkte für sein Rentenkonto gutgeschrieben.

Entlastungsbetrag für Alleinerziehende: Mütter und Väter, die allein mit ihrem Kind leben, haben eine höhere finanzielle Belastung zu tragen. Deshalb steht ihnen ein steuerlicher Freibetrag zu. Er beträgt 1908 Euro im Jahr für das erste Kind. Für jedes weitere Kind kommen 240 Euro jährlich hinzu. Diesen Entlastungsbetrag beantragen Alleinerziehende beim Finanzamt – entweder im Laufe eines Jahres oder rückwirkend für das Jahr mithilfe der Steuererklärung.

Kindererziehungszeiten: Sie sollen Nachteile in der Rentenversicherung ausgleichen, die durch fehlende oder niedrige Beiträge aufgrund von Kindererziehung entstanden sind. Diese Zeiten wirken sich sowohl bei der Wartezeit für eine Rente als auch bei der Rentenhöhe aus. So erhält beispielsweise eine Mutter für ein Kind, das ab dem 1. Januar 1992 geboren wurde, drei Jahre Beitragszeiten auf Basis des Durchschnittseinkommens gutgeschrieben. Ihr stehen also bis zu drei Entgeltpunkte zu. Arbeitet sie vor Ablauf der drei Jahre wieder, hängt es von ihrem Verdienst ab, ob sie die vollen drei Punkte für ihr Konto geschenkt bekommt oder zumindest anteilig davon profitiert. Auf Antrag kann auch der Vater die Erziehungszeiten gutgeschrieben bekommen.

Nachehelicher Unterhalt: Das sind gegenseitige Unterhaltsansprüche der Ehegatten nach der Scheidung. Grundsatz: Nach einer Scheidung ist jeder Partner wie vor der Heirat selbst für seinen Unterhalt verantwortlich. Nur wenn ein Partner aus ehebedingten Gründen weniger verdient, kann er vom anderen ausnahmsweise Unterhalt fordern. Das kann zum Beispiel der Fall sein, wenn ein Partner gemeinsame Kinder betreut und daher beruflich zurückgesteckt hat. In einem Ehevertrag können die Partner wechselseitig auf nachehelichen Unterhalt für den Fall der Scheidung verzichten.

Nachversicherungsgarantie: Ein Versicherungskunde hat zum Beispiel in der Berufsunfähigkeitsversicherung die Möglichkeit, die vereinbarte Rente zu bestimmten Anlässen, etwa bei Geburt eines Kindes, ohne erneute Gesundheitsprüfung aufzustocken.

Rentenwert: Er wird regelmäßig neu festgelegt und gibt an, wie viel jeder Entgeltpunkt auf dem Rentenkonto wert ist. Seit Mitte Juli 2017 beträgt der Rentenwert 31,03 Euro in den westlichen und 29,69 Euro in den östlichen Bundesländern.

Risikoprüfung: Ein Versicherungsunternehmen will vor Vertragsabschluss wissen, wie hoch das Risiko ist, dass tatsächlich ein Versicherungsfall eintritt. Deshalb fragt es zum Beispiel vor Abschluss einer Risikolebensversicherung, ob der Kunde raucht. Den Antragstellern ist unbedingt zu empfehlen, diese Fragen möglichst genau zu beantworten. Stellt sich im Schadensfall heraus, dass er falsche Angaben gemacht hat, zahlt der Versicherer womöglich nicht. Bei absichtlichen Falschangaben kann der Versicherer vom Vertrag zurücktreten, und unter Umständen muss der Kunde die bis dahin erhaltenen Leistungen zurückerstatten.

Sorgeerklärung: Bei nichtverheirateten Eltern hat per Gesetz die Mutter das alleinige Sorgerecht. Die nicht verheirateten Eltern können aber gemeinsam erklären, dass sie das Sorgerecht gemeinsam übernehmen wollen. Die Sorgeerklärungen beider Elternteile müssen öffentlich beurkundet werden. Das kann zum Beispiel beim Jugendamt oder beim Notar erfolgen. Das kann auch schon vor der Geburt des Kindes passieren.

Splittingtarif: Das ist der Steuertarif, von dem viele Ehepaare ab dem Jahr der Heirat profitieren. Dabei gilt: Je größer der Unterschied bei den Einkommen beider Partner ist, desto größer der Steuervorteil durch den Splittingtarif. Den Splittingtarif erhalten Ehepartner, indem sie gemeinsam eine Steuererklärung abgeben und auf dem Mantelbogen die Zusammenveranlagung ankreuzen.

Steuerklasse: Von der Steuerklasse hängt ab, wie viel Lohnsteuer der Arbeitgeber jeden Monat vom Bruttogehalt des Beschäftigten abzieht und an das Finanzamt überweist. Alleinstehende sind in Steuerklasse I, Alleinerziehende können die etwas günstigere Steuerklasse II wählen. Für verheiratete Eltern gibt es mehrere Wahlmöglichkeiten: Nach der Trauung rutschen sie automatisch beide in die Klasse IV. Dabei können sie es lassen, oder sie wechseln. Häufig wählt der Besserverdiener Klasse III, der Partner mit weniger Verdienst Steuerklasse V. Die monatliche Lohnsteuerabrechnung durch den Arbeitgeber ist allerdings nur vorläufig. Erst mit der Steuererklärung für das jeweilige Jahr steht die tatsächliche Steuerbelastung fest. Je nach gewählter Steuerklassenkombination kann es für Paare dann zu einer erheblichen Steuernachforderung durch das Finanzamt kommen, aber auch zu einer Erstattung.

Überschussbeteiligung: Der Versicherer ist verpflichtet, Kunden, die eine Lebens- oder Rentenversicherung abgeschlossen haben, finanziell an seinen Anlageerfolgen am Kapitalmarkt zu beteiligen. Diese Überschussbeteiligung ist aber nicht garantiert.

Unterhaltsvorschuss: Alleinerziehende, die für ihr Kind oder ihre Kinder keinen oder nicht regelmäßig Unterhalt vom anderen Elternteil erhalten, können einen Unterhaltsvorschuss verlangen – in der Regel beantragen sie diesen beim Jugendamt. Seit Juli 2017 können Eltern anders als bisher nicht nur einen Unterhaltszuschuss für Kinder bis 12 Jahren bekommen, sondern unter gewissen Voraussetzungen auch für Kinder bis zur Volljährigkeit. Für Kinder bis 5 Jahre können die Alleinerziehenden 150 Euro monatlich, für Kinder von 6 bis 11 Jahren 201 Euro und für Kinder von 12 bis 18 Jahren 268 Euro monatlich erhalten.

Versorgungsausgleich: Er findet statt, wenn eine Ehe geschieden wird. Mithilfe des Versorgungsausgleichs sollen Rentenansprüche, die während der Ehe erworben wurden, gleichmäßig auf die beiden Expartner verteilt werden.

Wartezeit: Ein Begriff sowohl aus den gesetzlichen Sozialversicherungen als auch aus privaten Versicherungen. Anspruch auf eine Rente aus der gesetzlichen Rentenversicherung hat nur, wer eine bestimmte Zeit versichert war. Diese Mindestversicherungszeit wird als Wartezeit bezeichnet. Sie ist für die einzelnen Rentenarten unterschiedlich und beträgt etwa für die Regelaltersrente fünf Jahre. Für private Versicherungen gilt: Bei bestimmten Verträgen kommt der Versicherer nicht vom ersten Tag nach der Unterschrift für Schäden auf, sondern er zahlt erst nach Ablauf einer vertraglich festgelegten Wartezeit. Sie beträgt zum Beispiel bei Zahnzusatzversicherungen acht Monate.

Zugewinngemeinschaft: Das ist der gesetzliche Güterstand, in dem Ehepaare automatisch leben, wenn sie keinen Ehevertrag mit einer anderen Regelung zum Güterstand haben. Zugewinngemeinschaft heißt, dass alles, was die Partner einzeln oder gemeinsam während der Ehe an Vermögen hinzugewinnen, rechnerisch auf beide Köpfe entfällt. Bedeutsam wird der Güterstand im Fall der Scheidung. Dann wird das in der Ehe geschaffene Vermögen im Rahmen des Zugewinnausgleichs gleichmäßig auf beide Partner verteilt. Sie können die Zugewinngemeinschaft in einem Ehevertrag nach Ihren Wünschen abwandeln.

Stichwortverzeichnis

D

E

F

G

H

I, J

K

L

M, N, O

P

R

S

Stiftung Warentest
Lützowplatz 11–13
10785 Berlin
Telefon 0 30/26 31–0
Fax 0 30/26 31–25 25
www.test.de
email@stiftung-warentest.de

USt-IdNr.: DE136725570

Vorstand: Hubertus Primus
Weitere Mitglieder der Geschäftsleitung:
Dr. Holger Brackemann, Daniel Gläser

Programmleitung: Niclas Dewitz

Autorin: Isabell Pohlmann
Projektleitung: Ursula Rieth
Lektorat: Heike Plank
Korrektorat: Hartmut Schönfuß
Fachliche Unterstützung: Sabine Baierl-Johna, Karin Baur, Beate Bextermöller, Anja Hardenberg, Katharina Henrich, Annegret Jende, Sophie Mecchia, Michael Nischalke, Jörg Sahr, Max Schmutzer, Michael Sittig, Eugénie Zobel-Kowalski
Titelentwurf: Josephine Rank, Berlin
Layout: Büro Brendel, Berlin
Grafik, Satz: Sylvia Heisler
Bildredaktion: Sylvia Heisler
Bildnachweis: plainpicture/STOCK4B-RF (Titel); avenue-images (S. 12, 49, 86, 91, 113, 116, 124, 145); gettyimages (S. 52, 62, 70, 74, 81, 122); istock (S. 4, 5, 15, 30, 68, 79, 84, 97, 100, 118, 139, 141); shutterstock (S. 5, 32, 36, 58, 109); thinkstock (S. 14, 144)
Infografiken: Mario Mensch, Hamburg (S. 4, 19, 92, 131)

Produktion: Vera Göring
Verlagsherstellung: Rita Brosius (Ltg.), Susanne Beeh, Romy Alig
Litho: tiff.any, Berlin
Druck: brandenburgische universitätsdruckerei, potsdam

ISBN: 978-3-86851-397-4

Wir haben für dieses Buch 100 % Recyclingpapier und mineralölfreie Druckfarben verwendet. Stiftung Warentest druckt ausschließlich in Deutschland, weil hier hohe Umweltstandards gelten und kurze Transportwege für geringe CO_2-Emissionen sorgen. Auch die Weiterverarbeitung erfolgt ausschließlich in Deutschland.